なぜ罪に問われた人を支援するのか?

犯罪行為を手離す方法をさぐる

掛川直之 編著

調査協力 橋本恵一
飯田智子

旬報社

はじめに

なぜ、〈犯罪者〉を支援するのですか？

これは、大学の授業や講演会等で刑事司法と福祉にかかわるテーマをお話しさせていただくなかで、最も多くよせられる質問のひとつです。この質問は、素朴でありながらもきわめて核心をついた問いであるといえます。その問いに対してひとことで応えるとすれば、「犯罪加害者を支援することは、新たな犯罪被害者を生み出さないようにすることにつながる」ということになるかもしれません。しかし、そのことは理屈では理解できたとしても、どこか釈然としない想いをぬぐい去ることができないという人も少なくないのではないでしょうか。

どのような犯罪であれ、その罪を犯すには理由があります。その理由には、他者からみて理解できるものもあれば、その罪を犯した本人でさえ理解しきれていないと思われるものもあります。しかしながら、わたしたちが知っておかなければならないことは、罪を犯す人は決して特別な人ではないということです。誰もが対人関係に悩むこともあるでしょうし、ままならない生活にストレスを感じたことがないという人もいないでしょう。食うに困るほどにお金がない時期もあったかもしれません。ですが、だからといって、自分に怒りや憎しみを生じさせる他者に暴力をふるったり、他者の財物を窃ってしまったりする人は決して多くはないでしょう。

では、どうして多くの人は、暴力をふるったり、財物を盗ったりすることなく生活をしていくことができているのでしょうか。テレビのワイドショーなどを観ていると、罪を犯した人の知人が記者にインタヴューを受け「まさかそんなことをする人には思えませんでした」などと応じている姿が報じられたりしています。けれども「まさかそんなことをする人には思えませんでした」というのは、知人だけではなく、その罪を犯した人自身も初めはそのように思っていたのではないでしょうか。人間は、誰もが罪を犯す可能性があるわけですが、最初から罪を犯そうとは考えてはいないのです。

そもそも、生まれながらの〈犯罪者〉は存在しません。一生涯にわたって犯罪行為をくり返し続ける人も稀でしょう。それでは、どうして、人は罪を犯すのでしょうか。時に、一度だけではなく、犯した罪をくり返してしまうのでしょうか。他方、くり返し罪を犯していた人が、その犯罪行為を手離すきっかけや理由はどこにあるのでしょうか。本書では、そのきっかけや理由を、犯罪行為をくり返してきた経験をもつ〈当事者〉と、かれらを支える〈支援者〉の生活史から学ぶことを志向しました。

本書は、四部構成をとっています。第Ⅰ部では、最後に犯罪行為をおこなってから一〇年以上が経過したかたに語り手をお願いしました。第Ⅱ部では、比較的最近（二年以下）まで犯罪行為をおこなっていたかたに語り手をお願いしました。加えて、第Ⅲ部では、犯罪行為をおこなったことがあるかたを支えることを生業にされているかたに語り手をお願いしました。そして、第Ⅳ部では、第Ⅰ部から第Ⅲ部までの語りを参考にして、犯罪行為を手離す方法について、ひとまずの整理をおこないました。なお、本書において、語り手をお願いするときに心がけたことは、自らの経験を雄弁に語ることのできるかたにその語り手を限定しないということでした。これまで自らの想いをあまり言語化したことのないかたがたの語りを含め、本書に登場する六名の生活史に耳を傾け、冒頭の問いの答えを一緒に探していただければ幸いです。

＊　＊　＊

さて、本書の誕生には、それぞれの生活史の語り手みなさんのほかにも、わたしにとっての〈対話可能な他者〉のお力添えをいただきました。

まず、つねに刑事司法ソーシャルの最前線において活躍し、わたしと同じ志をもって活動している畏友たる橋本恵一さん（障害者グループホーム博愛の宿規俊荘施設長）と、飯田智子さん（NPO法人静岡司法福祉ネット明日の空代表理事）です。橋本さんには第1話および第3話の、飯田さんには第4話の語り手をご紹介いただき、聴き取りの場にご同席もいただくことができました。かれらの存在があったからこそ語り手のみなさんが安心して語ることができたということは改めて確認するまでもありません。また、おふたりには、本書で紹介するすべての語りに目を通していただき、本質的なコメントをいただきました。

つぎに、立教大学コミュニティ福祉学部福祉学科の中村理加さん、濱地美安さんからは、本書の第一読者として新鮮かつ貴重なコメントをいただくことができました。社会福祉学領域においてはまだ周縁にあり、あまり光のあたらない司法福祉に強い関心を持ち、日々成長していくかのじょたちとともに学べることは、研究者として、教員としての喜びのひとつです。

最後に、いうまでもなく、本書の誕生において最も中核的なお力添えをくださったのが旬報社編集部の真田聡一郎さんです。実は、本書の原稿の提出は、ひとえにわたしの力不足により、当初の予定より一年半以上も遅れてしまいました。その結果、本書がすでに定年延長のかたちで働いておられた真田さんの編集者としての最後の一冊になるかもしれないとおうかがいしています。真田さんとは、わたしがまだ大学院生時代に分担執筆で加わらせていただいた『地方都市から子どもの貧困をなくす』で出会い、その後も、単編著『不安解消！ 出所者支援』、単著『犯罪からの社会復帰を問いなおす』、共編著『出所者支援ハンドブック』と、合計五冊の書籍において伴「歩」してくださいました。語り手をはじめとするすべてのみなさんに、ここに記して感謝の意を表します。

本書が、なぜ、〈犯罪者〉を支援するのか、そもそも、どうしてあえて〈犯罪者〉ということばを用い、そのことばにヤマカッコをつけているのか、ということを改めて考え、罪を犯し、罪に問われた人びとが、その犯罪行為を手離すための方法をさぐる一助になれば幸いです。

二〇二四年四月一七日　犯罪行為の背景にあるそれぞれの事情に想いをはせて

掛川 直之

目次

I

犯罪行為をしないことが
あたりまえの生活に

第1話
「やっぱ食べられてたから。する必要がないっていうか」

生まれは福岡県糟屋郡《かすやぐん》。福岡市のすぐ隣です。

――糟屋ってたしかむずかしい漢字ですよね。

ふつうは読めないですね、地元の人じゃないと。

――家族構成は？

親父、お袋、下に弟が二人おる。

――弟さんとは何歳差くらいなんですか？

次男坊が三つ離れて、一番下が自分と九つ離れてます。

――どんな子どもやったかとか覚えてますか？

親から聞いた話だけど、小さいときはわりとやんちゃみたいで。でも自分ではネクラなほうかと。

普段は大人しいと思うんですけど。小さいときはやんちゃだって言われて。

――家族仲はどうでしたか？

良くも悪くもないです。ふつう。特別悪いっていうわけでも、良いってわけでもない。ふつうの家庭って感じです。

――子どものころの印象的なエピソードとかって何かありますか？

小学校のときか、わりとイジられてたんじゃないかな。

――イジられてた？

イジられて、わりといじめられて……。昔のいじめは今みたいに陰険ではないけど、わりといじめられて。でも、それが自分のなかでは本当ふつうだったので。登校拒否とかもしてないし、それはそれでそのまま行ってた。そこまで苦ではなかった。

――勉強は得意でしたか？

いや、勉強はダメでした。成績は悪かった。当てられてもほとんど答えられたことないし。とくに算数はダメだったですね。

――体育は？

体育もちょっと悪かったんやないかなぁ思とる。他の生徒と比べてね。そのときちょっとやっぱ自分、他の生徒と比べて運動神経ないかなとは。

――友だち関係とかはどうでしたか？

一応、一人か二人はいたんです。

――じゃあ、休み時間に一人で寂しいなっていうことはなかったんですね。

なかったですね。仲良い子もいたので。

――何してるときが楽しかったですか？

楽しかったことは……。給食？

――給食？　あー、なるほど。

わりと美味しかったような気がする。

――どんなメニューが好きやったとかありますか？

揚げパン。あれが好きやったですね。

――人気メニューですよね。中学校ではどうでしたか？

中学になると弁当になるから。でも、パンは好きやったから、パン屋が学校に来るやないですか。売りに。学食やなくて何て言うんやろう。

――購買部みたいな？

そうそう購買。そこでたまに、お母さんが弁当作るの嫌で。そのときはパンで。お金もらって。いろんなパンがあったから。

――なるほど。じゃあ、やっぱり中学校も小学校もごはんが楽しみ？

そうですね。

――お父さんとかお母さんとの楽しい思い出ってありますか？

旅行行ったとか、クルマで。今でもそうですけど、わりと旅行とか好きやから。連れてってもらったときは楽しかったかな。

――どこ行ったのを覚えてますか？

親父がトラックの運転手やったんで、それに引っ付いて。たまに遠くに行ったりするから。いろんなとこからとってる下請けみたいなことやってたから。たまに東京とかも行ったりとかして。手伝ったりもして、仕事。そんなに難しい仕事じゃなかったから。

——弟さん二人も一緒ですか？

一緒のときもあった。四トントラックやったんで、ちょっと狭かったですね。

——他に楽しい思い出といえば？

修学旅行です。京都と奈良かな。

——そうか。福岡の人も京都と奈良に行くんですね。なるほど、なるほど。ところで、おじいちゃんとかおばあちゃんとかは一緒には住んでいなかったんですか？

昔は、同じ区内でちょっと離れたところに住んでたんだけど。親父がそのときギャンブルで、その家を担保に入れてしまって。それからは別れて。でも、学校が次の日休みのときはおばあちゃんとこ泊まりに行ったりはしてた。それは楽しみやった。おばあちゃんっ子やったから。

——おばあちゃんっ子やったんですね。逆に嫌な思い出とかありますか？

思い返してみれば……。なんやろ、逆にありすぎてわからん。ギャンブルして、家売っぱらわれてしまったとか……。まぁ、ちょっと闇金業者が入って来て、昔のヤクザみたいなのが入って来て、取り立てに来る。そのときには親父蒸発していなくなった。いなくなったというか……。その数日ぐらいしてからいなくなって、すぐ取り立てに来た。そのときはお袋がなんとか返したみたいやけど。親父のギャンブル好きがたたって借金作る。

――お父さんから嫌な思いをさせられるというよりは、お父さんが外で作ってきた借金で？

そうそうそう。そのとばっちりが来た。

――お父さんが蒸発してしまったっていうのは、何歳くらいのときですか？

もう子どもじゃない。二六歳くらいだったかな。

――じゃあ、二六歳くらいまでは家族五人である程度仲良く暮らしてた？

ある程度は仲良くしてた。

――なるほど。小中とかはネクラやって言ってましたけど、友だちとは狭く深く付き合ってたって感じですか？

そうですね。まぁまぁまぁ。

――よくあるじゃないですか。中学校のときに万引きするとか、煙草吸うとか。そういうことはあったんですか？

煙草はずっと吸ってたんですよ。あの、隠れて。興味本位で。やっぱりヤンキーみたいな。ヤンキーとかいうより不良とか。ちょっと真似して。まぁ真似、人の真似してそれで吸ってたんかな。

――そのとき流行ってた漫画とかドラマとかもあったんですか？

『ビー・バップ・ハイスクール』。

――じゃあ、リーゼントとかにしてたんですか？

いや、してないしてない。あんまりヤンキーになりたくない。でも、弟がやってたかな。

――弟はヤンキーやった？

弟は完全にヤンキーだった。でも、自分はネクラやったんで。ネクラだけど煙草は吸ってた。

――ひっそり憧れはあった？

そうそう。だから、煙草だけやった。煙草だけ興味本位で。

――習い事とかしてたんですか？

ちょろっと小学校のとき、塾に行ったのかな。小学、そうか小学校のときか。あ、いや中学か。それでちょっとだけ英語だけ伸びて。たまたま合ってたんでしょうね、たぶん。今は全然喋れるわけでもないし。けどたまたま成績が良かった。英語だけね。英語だけ良くなったね。

――すごいですね。中学校卒業したら、高校行ったんですか？

高校は中退ですけど、一応行きました。夜間校に、仕事しながらで。その辺りからかな、人間関係がだんだん煩わしいっていうか嫌になってきたの。

――定時制高校に行くってことは、最初から働きながら学校行こうと思ってたってことですか？

そうですね。それが高校にも通う条件やったもんだから。

――あ、なるほど、親から。でも、じゃあ、中居さん的には高校行って勉強したいなって気持ちはあったってことなんですね？

そのときは。大なり小なり行こう思って。でも行ってみたら、学校では誰も話す相手おらんかったんやないかな、たしか。自分から距離おいたのかもしれんけど、そのときはそれがわかんなかった。

――そっか。定時制高校やから必ずしも年が近い人がいっぱいいるってわけでもなかったんですね。

そうそう。わりと年配の人もおったし。四〇歳ぐらいの人もいたもん。

――なるほどなるほど。それでうまくいかんなっていうのがあった。高校行くのと同時にお仕事も始めたってことですよね？

アルバイト。親父が働いてたとこと同じで。運転手じゃなくて工場ですけど。そこで段ボールの仕分けの仕事を。

――働きながら学校行くのはしんどかったですか？

最初はきつかったですね。工場は、年配の人ばっかりやったし。定年間近っていうような人。でも、一年くらいかな。働いてた。

――けっこう長かったんですね。その次は、仕事変えたんですか？

そのくらいに高校も辞めて。だからなんか仕事しなあかんなってなって。また親父の親戚の人が働いてるところで。で、九時から四時ぐらいまでで時給だったから。時給は七〇〇円ぐらいだったかな。週五日は働いてた。

――なるほど。全然家にはお金とか入れてなかったんですか？

高校辞めてからはちょっと入れてた。飯代だけ。

――家にも貢献しつつ、だったんですね。辞めてからは、どんな仕事をしてたんですか？

あとは転々としてたんやないかな。行っちゃ辞めて、行っちゃ辞めてって。続かんときは三日くらいで辞めてたんやないかな。何回も、けっこう面接は行ったけど、どれも長続きしなかった。だいたい工場とかそういう土木関係も含めて汚れ仕事かな。

――それを短期間ながらくり返し働いてて。一番そのなかでこの仕事はよかったな、みたいな仕事はありますか？

いや、どれも続きそうに……。仕事自体が難しかった。一番嫌やった仕事は、やっぱ土方ですね。建築、現場行くやないですか。朝早いのもあるし、物運ぶのもすごいきつい。若いから余計。あれが一番きつかったですね。

——でも、すぐ辞めてたけど、すぐに次の仕事をみつけてきて働いてる。いくつもチャレンジはしていってるわけですね。

それは親が「働け、働け」って。オレは家に引きこもりたかった。でも、親もいつまでも生きてるわけじゃない。それは頭にあった。せないかんって思いながらも、やっぱりどっかで甘えてたけどね。

——その生活って、何歳ぐらいまで続くんですか？

それはやっぱり二七歳ぐらいまで。そのくらいのとき、まずお袋が亡くなった。病気で。病気で病院通い始めて入院生活。

——そのときお父さんは？

もういなかったです。お袋の病気が発覚して、ちょっとしてからいなくなった。たぶん負担になったんやと思う。そのあと、弟たちも芋づる式に出て行ったんで。そのとき借家にはもう自分一人だったんで。

——もう弟たちは働いてた？

一番下はちょっとわかんなかったですけど、次男はアパート借りて仕事はしてた。たしか、一番下の弟は次男のほうと一緒に住んでた。

――なるほど。そうなると……、一人で残された中居さんのそれからの生活はどうやってたんですか？

いなくなったけど、食い扶持も自分で考えないかんでしょ。アルバイト探しながら。働いてたときの給料もなくなって来たから……。でも、採用されなくて。まずいなってなって。それからかな。家賃も当然払えなくなったから、大家さんから出て行けみたいな話になって。ただ、「オマエにチャンス、最後のチャンスをやる」とかって言われたかな。「どっか住み込みでもいいからとにかく仕事をみつけろ」って。「それまではちょっと待ってやる」みたいな。もともと駐車場にする。その借家取り壊してっていう話がもう出てたから。親がいるときから。出て行かないかんって、頭の隅っこにあったから。

――人生最大のピンチですね。最後のチャンスやっていって、どこに働きに行ったんですか？

そこは変なとこやった。そのときは一回やってたの。一回拘置所に行って……。

――やってたって窃盗を？

そう。二七歳の一二月ぐらい。初めての窃盗。

――一二月ぐらい。じゃあ、それはお母さん亡くなったあとってことですか？

亡くなったあと。それから、自転車があったから、大きいボストンバックに入れられるだけ荷物を入れて、そのままどこに行くかも決めずに家を出て行った。

――家を出て、どこに行くんですか？

とりあえず自転車で岡山をめざした。母方のばあちゃんがいるんで。

――福岡から岡山に自転車でってことですか？

いや、途中で電車乗って、ビデオやＣＤいっぱい持ってたからそれを売って。ブックオフで。それが二、三万ぐらいになったかな。ちょっと値段は覚えてないですけど、それ持って。所持金それだけ持って、ばあちゃん家をめざした。

――おばあちゃんには会えたんですか？

いや、もうそれがおばあちゃんも、もう……。あとそれは、行ってしばらくしてからわかったことだけど。その間に窃盗をやっちゃったんで。まだ岡山に行ってない。

――おばあちゃんは？

もういなかったですね。あとで刑事に聞いた話だけど、身体悪くて、老人ホームにもう入ってた。

――なるほどね。で、おばあちゃんいなくて、どうしようもなかったから窃盗してたってことですか？

そう、そこでもうやったー、みたいな感じで。反面、勢いみたいな感じでやってたですね。最初はホームレスみたいに食いつないでたけど。もう住所不定だし、余計仕事見つからんし。まぁいろいろ。自分でも半分追い詰められたみたいな感じになって。それでやっちゃったみたいな。一回目で裁判受けて。執行猶予で。その猶予中にまたやっちゃった。

――窃盗っていうのは、何やってたんですか？

事務所荒らし。夜。人がいなくなって。人がおるときじゃできないから。人がいないときにというのはあったから。

――私の感覚では事務所って、お金なんかそんなありそうな気もしないんですけど。

いま考えればそうやけど。なんかそのときはあるって言うか、あるだろうみたいな。あのね。一回だけね、現金じゃなくてキャッシュカードがあった。それがうまいことに、裏に暗証番号のシール貼り付けてあって。それで三〇万降ろした。それが一番かな。

――それが一番、足つきそうですよね……。

そうそう。でもそれはバレんかったです。たぶん向こう、訴えんやったんやと思う。

――最初に服役した刑務所ってどこやったんですか？

岡山刑務所預かりで。そのあと、広島の分類センターに。まだ二六だったから（若年受刑者は過去の記録がないため分類センターで詳しく調査される）。ギリギリ。で、広島一回通って、最終的に山口に行った。

――じゃあ、転々と刑務所移送させられた。刑務所の生活はどうでした？

しんどかった。

――何が一番しんどかったですか？

人間関係もそうやし、やっぱり初めて務めたから。刑務官とか周りの人間怖いでしょ。

――やっぱり人が怖かった？

そうそう。余計きつかった。

――雑居（複数人部屋）やったんですか？

ずっと雑居やったですね。いろいろトイレの順番とか、朝はバタバタするから行く暇もないし。けっこうめんどくさかった。

――山口刑務所は満期釈放ですか？

一応満期です。

――出所後は、どこ行ったんですか？

そのあと広島に行ったんかな。一応紹介で。入れるかどうかちょっと聞かなアカンのですけど。広島に行って、行ったけど受け入れは不可になって。その後また転々とあちこち行って、結局またやるようになった。

――また窃盗？　なるほど。そこでまた捕まると。その後、ずっと広島に住んでたんですか？

広島はちょこっとだけですね。広島行ってまた岡山。

――福岡じゃなくて岡山に戻ったんですか？

そうです。福岡はもうちょっと……。

――嫌かなって？　岡山で住んでるときはいわゆる「ホームレス」生活をしてたんですか？

そうですね、ホームレス。廃屋に入り込んで、潰れた会社のなかで、そこで寝泊まりしてた。

――なるほどなるほど。で、またじゃあ……。

結局、やっちゃった。事務所荒らし。

――で、捕まって……。次はどこの刑務所行くんですか？

捕まったのは福井県。

――岡山と福井ってけっこう距離ありますよね？

遠いです。電車と自転車を乗り継いでみたいな。

——なんで福井に行ったんですか？

敦賀。自転車も盗んだやつだったから、そこで職質かけられて。そのときにもう、その前に敦賀に入った時点で一件やっちゃってたんで、窃盗。ちょっとお金が入ったから。なんか食べる。ちょっと余裕かましてたんで。そしたら急に後ろからパトカー来て。

——敦賀にはなぜ行ったんですか？

なるべく田舎のほうがいいなって。

——ちょっと環境は変えたかった？

そうですね。岡山はやりつくしたから。入れそうなとこないなって、見切りつけて。福井がなんとなく田舎っていう印象があって。でも、また捕まって。福井刑務所は初犯刑務所なんですよ。だからそこにいったん預りで行って、最終的には富山。ここでも満期です。

——出所後は？

そのときは刑務所のなかで仲の良い人間ができて、お金もいただけた。で、その人のとこで、茨城か。そこで、まぁなんか一軒家を借りて、工場の住み込みみたいな、その部屋の一つに入れてもらった感じです。

——そこでは気分よく働けたんですか？

いや、仕事というのがなかったですね。なんか仕事するんじゃないのかとか言って待ってたけど、仕事ないということがわかって。あれ、これ話と違うなって。で、そこを出た。ここにいてもしょうがないみたいな。それで愛知県にきたんかな。そのときに初めて愛知。茨城から電車、鈍行で、下の普通電車乗り継いで。豊橋まで来たんかな。

——なるほど。で、豊橋ではどうやって生活したんですか？

そのときにはもらったお金と、刑務所で稼いだ作業報奨金を合わせて五、六万くらいあったかな。その電車賃引いて。

——なるほどね。でも、五、六万だと、言うてもそんなにもたないですよね？

そうですね、ひと月もてばいいほうで。それで、その後にまたやりました。

——また事務所荒らしが始まって……。

そうですね。また、結局ですよ。また岡山に戻っちゃうんですよ。何でか知らんけど、理由はちょっと覚えてないですけど。愛知から岡山に来て。一回目と同じところ。そこでもうずっとやってたですね。一回目、岡山でやってたとき、そのところの周辺でまたやって。

——で、また逮捕された？

それで三回目で、さすがに一回目やっとるからもうそろそろ疲れてきたなってなって、自首したんですよ。刑務所行ったらとりあえず食べられるじゃないですか。それで自首して、捕まえてくださいみたいな感じで。で、今度は島根県。松江刑務所。ここの工場はわりと緩かった。

——そのころで何歳くらいなんですか？

そこの刑務所のときは、三五、六歳。

——これまで刑務所にいたときって、誰か面会に来てくれたり、手紙のやりとりしてたりということはあったんですか？

いや、ないですね。

――なるほど。松刑出てからはどこ行ったんですか？

今度は初めて仮釈放をもらえたから東京の保護会（更生保護施設）に入って。飛行機で行きました。

――なんで東京やったんですか？

たまたま受け入れてくれた。東京は仕事もあるだろうっていう話で。保護会入って、その期間はずっとそこにいてアルバイトしてたですね。運輸の会社で。

――で、保護会にいれる期間はずっと保護会にいたんですか？

そうですね。その後はまた岡山。刑務所でまた仲の良い人がいて、その人のところ行ったんですよ。岡山市内かな。そこで一週間、二週間ほど働かせてもらって。けど結局、そこでももたなかったですね。かなり厳しかった。その人がスナックの雇われ店長で、そこの駐車場のところに小屋建てて。ちょうど冬場だから、たこ焼き屋。テキ屋みたい感じで。で、その手伝いを。その後は、岡山にはそのときに出たんかな。夜に出たかな。どっか行ったと思う。あとは大阪行ったり、わりとだから近郊。行ったり戻ったりしてたんじゃないかな、ぐるぐる回ってたとは思うんですけど。

――その後、生活保護もらい始めたのはいつなんですか？

二〇〇九年の一二月か。

――そのときは岡山と東京行って、また岡山行って、その後、大阪行ったり、名古屋行ったり、転々としてて、名古屋で生活保護をもらうきっかけとかあったんですか？

そうですね。しばらくそのとき、もう自分食うのに必死だったから忘れてたけど、名古屋は生活保護をもらいやすいっていう情報を刑務所のテレビでやってたの思い出して、ダメもとで。当時はボクみたいな若いのはもらえんっていう頭だったから。ダメもとで。どうせこのままでもダメじゃし、ダメもとでいってみようかってみたいな感じ。

――それで、名古屋行こうかって。で、福祉事務所行ったら生保申請して。してもらえたんやね。

――すぐに、もうアパートに住めたんですか？

いや、無低（無料低額宿泊所）に入れられて。最初、無低だけど、ハローワーク通ってた。そこで不動産屋さんに声かけられて。「生活保護受けてるんですか？」みたいな話になったら、「アパート入れますよ」って。「でも、初期費用とかどうするんですか？」って、「役所が出してくれますよ」って話になったから。あ、それいいなと思って。アパート入れる、今のとこよりマシな暮らしができるっていう頭があったから。

――なるほど。それでアパート生活。そこではどれくらい手元にお金が残ったんですか？

無低に入ってたころは二万円くらいかな。そのときまだ生保で一二万一〇〇〇円くらいもらえてたから。でも一〇万引かれるから。

――一〇万って⁈　でもそのときの生活は、刑務所にいるよりはマシだと思えたんですか？

刑務所よりはマシと思う。冷暖房あるし、テレビもあったから。ベッドも布団もあるし。コインランドリーもあるし。衣食住には困らない。ただお金はちょっと。お金はちょっと、手持ちはちょっと。

――少なかった……。もうその時点で、いつもやってた事務所荒らしとかをやろうって意識は？

それはなかった。やっぱ食べられてたから。する必要がないっていうか。

――食べるっちゅうのが一番のポイントなんですね。仕事とかはしやんと、もう生保だけで？

一応探しなさいっていうのは言われたから、まだ若かったから。一応探してはいた。けど、どこも雇ってくれなかった。「一応住所はあるんですよ」って話はするんですけど。要は期間が空いてるから。刑務所入ってるから。黙ってたから。でも、やっぱり仕事してないから、長い間。「そのあいだ何してましたか？」って突っ込まれたら、ちょっと言いようがない。それでなかなか雇ってもらえなかった。でも、食べるのには不自由してない。

――ソーシャルワーカーに出会うきっかけはどこにあったんですか？

そのころ、心の調子がおかしくなって、精神科の病院に入れられたんです。そのあたりで紹介してもらって。NPOってのがあるっていうのを初めて知ったの。いろいろサポート、生活保護とか、なんか困ったことあれば相談には乗ってくれる、話を聞いてもらえるみたいなこと聞いてたかな。で、訪問診療ってのがあるというので、してみようかみたいな話になって。

――初めて現在のソーシャルワーカーと会ったときどうでした？

優しい、柔らかそうな感じかな……。なんか暑かった記憶が。エアコンが壊れててさ。あれは二〇一九年か。一九年の夏ぐらいか。

――ソーシャルワーカーと出会ってから、なんか生活とか変わりましたか？

なんか相談に乗ってもらえるので気は楽になりました。

――じゃあ逆に言うと、それまでは相談乗ってもらえるような人はいなかった？

いなかったですね。

――もう弟さんとかといっさい連絡は取ってない？

もうどこにいるかもわからない。

――相談したいことって、どんなことなんですか？

そうですね。お金のやりくりはできるから。なんだろう、やっぱり生活保護のこととか。ほかにどういうふうな支援が受けられるかとか。そのときまだあんまり詳しく知らなかった。そういうの聞いて。

――なるほど。じゃあ、そこが大きかったってことですね。最後に刑務所出たの何年って言ってましたっけ？

二〇〇九年の夏ごろ、八月くらいか。

――二〇〇九年から一三年くらい経ってますね。

そう。

――子どものころも含めて、今の生活っていうのは、満足できるものなんですか？

そうですね。もうこのままゆったりと。このままで。

――なんかこれからやりたいこととかありますか？

今、YouTube にハマってるから、動画をいろいろやりながら。

――アップしてる？

うん。一応、チャンネル持ってますよ。登録者数が一七〇人とかいる。一応それが最高。ちょっとそれ以上は上がらない。視聴回数もよくいって一〇〇。少ないときは七とか八とか。まだちょっとお金にはならないです。

〔中居トシヒロ　二〇二二年二月二七日〕

第2話
「悪いことやめたほうがいいんじゃないかな。悪いことやめるんだったら今日からやめるかみたいな」

生まれは広島県広島市です。

——子どものときって、どんな子どもだったんですか？

外で遊ぶのが好きでした。小学校二年生から習い事としてサッカーやってたんで、いつも学校から帰ってきたら家の前の公園で友だちとサッカーやったりとか遊んだりとか。家いるよりか、外で遊びたい子どもでしたね。

——ご兄弟は？

三つ離れた弟がいて、二人兄弟です。

——ご両親とかご兄弟との仲は良かったんですか？

ボクは実の父と母に育ててもらって。父親は、空調設備の建築業の会社に勤めてたんですよ。母親は専業主婦だったので、ボクが家に帰ればいつも母親が家にいて。父も母もすごい優しい人なんで、殴られたり蹴られたりとかそんなの全然ないですし、言葉遣いも優しい両親で。母親も家事・育児はすごい真面目にやる人なんで、父は仕事に行き、ボクと弟は学校に行って、家帰ってきたら母親が作った夜ご飯を家族四人で食べる。で、土曜日、日曜日になったら、家族でいろんなとこ遊びに行ったり。父も母も九州の人なんで、お盆とか正月とかは家族四人で九州行って、おじいちゃんおばあちゃん家行って泊まるっていう。親子関係は良かったとは思いますね。けっこう試合の応援、サッカーの試合の応援来てくれたりとか。

――なるほど。中学も同じような感じですか？

そうですね、中一からボクは非行始まってたんで。まぁ、タバコを吸ったりとか、友だちをちょっと怪我さしてしまったりして、学校に親が呼ばれたりとか。親が怪我さしてしまった友だちのところに一緒に謝りに行ったりとかして。で、だんだん髪を染めたりとかするようになって。母親はそういう、他人に迷惑かけることはすごいほんとに嫌な人だったんで、問題起こすたびにけっこう母とは家で一時間、二時間とかずっと話し合ってましたね。父は建設業で働いてるからか、働いてる現場にいる人とか、そういうちょっと元暴走族みたいな人がいるからか、ちょっとそういう部分には寛容な部分はあったんですよ。ただ、他人の物を盗んだりとか絶対ダメだし、高校にだけは必ず行ってほしいということは、父親けっこう言ってましたね。

――高校に行ってほしいということには、理由があったんですか？

父親が熊本の人で、母が福岡の人なんですけど、父は七人兄弟の下から二番目なので、家があんまり裕福じゃないのかな。で、父は中学校卒業と同時に一人で福岡行って、そっから空調設備の仕事で。一五歳、一六歳から定時制高校通いながら、空調設備の仕事ずっとやってた。そこからずっと同じ仕事やってるんですね。それで母親と父親は定時制高校で出会って結婚して、二人で広島に来てるんですよ。何でボクにずっと高校行ってほしいって言ってたか、理由は結局聞いてはないんですけど、たぶん建設業ってゼネコンの人とか親会社の人とかがやっぱりいて、たぶんそういう現場監督とかやってる人とか大卒とかでやってると思うんですよね。だから、そういういろんな現場出たらトビとか鉄筋とか塗装、いろんな人たちがいると思うんですけど、そういうとこで父親もずっと働いてるので、本当にたいへんなことも。あんまりいろんなことを言う、言葉をたくさんしゃべる人じゃないんですけど、いろんなこと見てきたと思うんですよね。建築業の世界で。だから、自分の子どもにはできればせめて高校くらいは卒業したほうが、やっぱりいろんな生きていく選択肢が増えるということで、高校だけは出とったほうがよいってことを、何でかまでは説明しなかったけど、それはずっと言っていましたね。

――なるほど。親心ですね。中学校のときにやんちゃをし始めたっておっしゃったんですけど、なんかきっかけとかあったんですか？

そうですね。小学校のときに親子関係良かったけど、ちょっとボクが家のことで不満が一つだけあったのは、親のことは好きだったんですけど、家が２ＤＫのアパートなんです。今も実家はずっと。だから家に二部屋しかないので、一つの部屋は家族のタンスとか置いてある物置みたいになってて、もう一つの部屋で家族四人でご飯を食べて。寝るときはテーブル横に置いて、布団を川の字に敷いて、家族四人寝てたんですよ。小学校のときに、家のなかに自分だけの部屋もないし、兄弟だけの部屋っていうのがなかったんですよ。で、だんだん小学校三年生、四年生、五年生になると、友だちの家に遊びに行って、友だちの家が一軒家だったりとかエレベーターがあるマンションとか住んでて、その部屋に入ると自分だけの部屋を持ってる子もいれば、兄弟の部屋を持ってる子もいたりして。ボク全部見ていったわけじゃないけど、遊びに行った限りでは、兄弟だけの部屋もないっていうのはボクは見たことがなかったんですよ。それで自分家がアパートだっていうことで、ボクはすごいコンプレックスみたいなもの持ってたんで。まわりの友だちとかみんな知ってると思うんだけど、絶対知られたくないって思うようになったんですよ。で、貧乏ということがめちゃくちゃコンプレックスになってて、自分の家は貧乏なんじゃないかとか。でも、父親は毎日一生懸命働いてるので、食べるものもあるし、電気も全然止まらないし、借金取りが家に来るとかないし、必要なものは全部買ってもらえてたんで。大人になってからは貧乏じゃなかったなと思うけど、小学校のときは自分と他の家の子どもを比べて、自分の家を貧乏かもしれないというのを。っていうのは家がアパートだっていうのがすごいコンプレックスに思ってて。それはけっこう自分でも認めたくなかったんで、人に相談も、相談することと自体も傷ついちゃうんでやらなかったんですけど。それで中一に上がってって、それが非行に影響したのか影響してないのかちょっとわかんないんですけど、それはけっこうコンプレックスだったんですよね。で、勉強は、小学校のときは八〇点、九〇点とかとれてたんです。塾とか行ってなかったんですけど。でも、中一の最初の一学期の中間テストで、数学が七〇点、理科が六〇点ぐらいとかだったんですよ。そしたら、今まで小学校でとってた点数よりも一〇点、二〇点下がったことによってけっこうショックを受けたんですよ。それで、またなんでか勉強できそうな友だちを選んで「何点だった?」って聞いたら、八〇点、九〇点だったたって言うんですよ。

――なるほどなるほど。

ほかにも六〇点の子もいたはずなんですけど、ほかの子には聞かずにいい子と比べて、自分はけっこうテスト前の勉強も頑張ったのに、こんな六〇点とかなってしまったことにすごいショックを受けて、自分の頭はバカにできてるかもしれんとか思うようになったんですよ。それまで勉強に自信がないとか考えたことなかったんですけど、だんだん勉強に自信がなくなってきて。中一からボク、野球部に入ったんですよ。野球部に入ったときも同学年が十何人いたんですけど、そのうち二、三人が少年野球とかリトルリーグとかやってた子が入ってきたんですよ。で、それ以外の子たちは初心者、ソフトボールやってるぐらいの子たちなんですけど、またボクの悪い癖で、自分の野球の比べる相手を、少年野球とかリトルリーグやってる子と自分を比べてて。そしたらその子たちが中一から試合出たり、二年生の試合出たりとか、やっぱり最初から上手いんですよね、それは経験者だから。そういう人たちと比べて、また自分で勝手に、自分は野球もうまくいかない、全然試合にも出れんって、劣等感をどんどんどんどん。毎日朝練とかやっとるのにうまくならんって、勝手に劣等感を膨らましていって。で、部活もうまくいかない、勉強もうまくいかない、家もアパートで貧乏かもしれないって思ってるときに、けっこう一年生ながらに何やってもダメだなみたいに思ってたら、一つまわりから称賛されたというか認められたのが、その学校で規則違反したときに、規則違反っていっても流行ってたちっちゃいテトリスのゲーム機を持ってたり、お菓子をちょっと持ってって食べたりしてたら、学校の先生にバレてしまってけっこう怒られたんですよね、友だちの前で。そのときは学校の先生が怖かったんですけど、先生に対して反抗というか、かなり勇気をふりしぼって反抗したら、その後、それを見てた子たちが、悪いことやって先生に怒られてるのにそれに反抗することがすごいという感じで、「えっ、すごいね」みたいな感じで言ってきたんですよ。それで、悪いことやって認められる、「すごい」って言われて一目置かれるっていうのを、ちょっと身体で覚えてしまって。そこからは少しずつ、なんか必要もないのに髪を染めて学校行ってみると、みんなじゃないけど、一部の人が「めちゃくちゃかっこいいじゃん」とか言ったり。で、親がシャーペンとか消しゴムとか全部買ってくれてるから、文房具とか全部足りてるんですけど、ホームセンターとかに行って、ほんと店の人に申し訳ないんですけど、ボールペン一〇本とか消しゴム一〇個とか万引きするんですよ。それで友だちにこんなんとってきたっていったら、「めちゃくちゃ気合い入ってとるじゃん」みたいに言うんですよね。そういうので少しずつなんか、勉強も部活も家のこともダメだけど、自分はこんなこともできるっていうかたちで一部の人から認めてもらえたりすることで、自分はダメなやつだ、自分はこんなこともできないやつだ、みたいに感じていたのが、変なかたちで自信をとり戻すように、少しずつ非行が始まっていったんですよ、中一は。

——非行して認められるまでは、友だち関係はあんまりうまくいってなかったんですか？

いや、友だちとは仲良かったんですよ。友だちと遊んだりしてたんで。友だちからなんかめちゃくちゃ壮絶ないじめとかも受けた経験も、自分では覚えないですし。友だちとすごく仲が悪くなったとかそんなんないんですよ。

——ある意味、それまでは対等というか同じ目線だったのが、非行とか万引きといった「反抗」で認められることによって、ちょっと憧れのまなざしみたいなのを注がれるのが心地よかったということですかね？

そうですね。で、中学校一年生で入ったときは、中二、中三で暴走族の人とかいなかったんですよ、ボクの中学校には。ちょっと髪染めてるのはいたけど、バリバリのヤンキーみたいなのは一人もいなかったんですよ。だから、中一のときは見よう見真似で髪染めたりとか、タバコ吸ってみたりとかそういう程度だったんですけど。中二のときに、やっぱり類は友を呼ぶというか、そういう格好をしてホームセンターで昼間スケボーして遊んでたら、本物の暴走族の人がバイク二、三台ぐらいでヘルメットも被らずに来て、声かけてきたんですよ。「どこ中や？」みたいになって、いろいろ話していくなかで、「次の土曜日に集会来るか？」って言われて、「行きます」って言って。で、土曜日友だちと自転車で暴走族の集会行って、バイクの後ろ乗せてもらって、その日に暴走族入ったんですよ。そこから一気に悪くなりましたね。毎日暴走族の溜まり場に行って、暴走族たちと行動するんですけど。それまでボク、自転車で行ってたんですけど、やっぱり自転車で行ってたら怒られるんで、「なんでバイク乗らんのや」みたいな。で、バイク免許もないし買えないけど、盗めばいいってことで。みんな盗んだバイク乗ってたんで、一緒にバイクの盗み方教えてもらって。中二から原付バイク、盗んだバイク乗り回して。で、四〇〇ccのバイクもしょっちゅうみんなで盗みに行って。中二のときに四〇〇ccのバイクの乗り方教えてもらって、四〇〇ccのバイク乗るようになって。そしたらまた、暴走族同士の喧嘩とかもあるんですよ。そういうのも行ったりとか。先輩から特攻服もらって、特攻服着て行ったりとかすると、やっぱりすごいこう、当時は誇りのように思ってたんで。チーム名の入った特攻服着て、そういうみんなのところ行って、でっかい旗があるんですけど、メンバーの一員なれたということが、その当時はすごい誇りに思ってましたね。

——そのとき、お母さんとかお父さんとかはどんな反応だったんですか？

特攻服捨てられたりとか、髪染めたら美容院に連れて行かれて黒染めされて。でも、また次の日金髪にしたりとか。けっこう母親は厳しかったですね。中二のときはもう家出したりしてたんですよ、けっこう怒られてたんで。親を殴ったことはないんで、いろいろ言われても口で何とかこう言い返したりしてたんですけど、母親もけっこう言ってくるんで。まぁ母親とはけっこう衝突して、家出したりとか。でも、母親はめちゃめちゃ一生懸命だったんで、ボクが家帰らないと友だち家、免許もない、自転車もないから歩いて友だち家によく探しに行ったり、ゲームセンター探しに行ったりしてて。ボクが夜中とかに帰ると、やっぱり一人で起きてる。父親は仕事があるから寝てるんですけど、母親はいつも起きて待ってましたね。

——暴走族入るときに「怖さ」みたいなのはなかったんですか？

当然あったですよ。やっぱりその中二で暴走族入ったときは、そのなんか好奇心だか憧れの気持ちだかといっしょに怖さもあって、ほんとに大丈夫なのかなって、やっぱり両方ありましたね。まぁ、憧れのほうが勝っちゃったんですけど。

——なるほどなるほど。

入ってからもけっこう怖かったですね。そのバイク盗んだときもめちゃくちゃ怖かったんですよ。盗られる人のほうが物凄い嫌な気持ちだと思うんですけど。初めて盗るときとかも、心臓の音が聞こえるぐらいドキドキドキドキしてて。バイク盗んで乗るときも怖いし。で、中二か中三ぐらいのときに一〇ぐらい歳の離れた暴走族のOBの人に「ちょっと喧嘩ツアー行くぞ」って言われて、クルマに乗せられて。喧嘩ツアーってなんのツアーなんかなって、全然わかんないんですよ。そしたら、ブーンと走っていって、じゃあそこに歩いてる人がいて、「アイツと喧嘩してこい」って言われるんですよ。

——歩いてる人に？

はい。いきなり言われたんですね。喧嘩もやったことがない。喧嘩っていっても友だちとはあるけど、そんなにない。わかんない。で、なんかちょっと動けなかったら、「じゃあ、ワシが行く、見とけ」って言われて。で、歩いてる人ぶん殴って、何回か殴って、「じゃあ、また行くぞ」って言って。で、そしたら原付でまた信号待ちしてる人に、「次はアイツと喧嘩してこい」って言われて。で、なんか行けなかったら、ボクを殴ってきそうになるんですよ、先輩が。ほんとにその人には申し訳ないけど、何もやってもない人を殴って。で、また……。

——それはあの、お金盗るとかじゃなくて？

盗らないんですよ。

——突然殴って、突然去っていくっていう？

そう。

——めちゃくちゃ怖い……。

それはね、ほんとそのときはほんと。その相手が一番怖かったと思うんですよ。相手が一番怖かったと思うけど、ボク初めてだったんで、めちゃくちゃ怖かったですね。もう家帰ってからも、全然寝れんくて。今から警察が家に来るんじゃないかなとか、親が知ったらオレどうなるんかなとか。あと、そもそもあの殴られた人どうなったんかなとか。ずっともう寝れなくて。最初はずっとそんな気持ちだったんですよ、その暴走族入ったばっかのときは。毎日が不安で、とんでもないところに入ってしまったなというのはほんと思ったんですよ。でも、それが二回、三回、四回、五回、六回、七回、八回とどんどんこうやっていくと、もう中三、一六歳ぐらいからほんともう完全に麻痺して。犯罪が、その犯罪をやることが完全に麻痺して、物を盗むとか人を殴ることとかも、全部なんか悪いことなのにもう正当化してましたね。スーパーで靴を盗む、服を盗むとかも、こんなにいっぱいあるなかで一個盗るぐらいは別に店の人は困らないだろうみたいな。殴られる人も、殴られてる人が何か悪いことしてるから殴られても仕方ないみたいな。なんか完全に犯罪行為を全部正当化して。そのあとなんか、その心臓バクバクするような怖さもなくなってたんですよ。日常的になってきましたね。

——そういう殴りに行ったり盗りに行ったりすることで、その暴走族の集団のなかで、いわゆるランクが上がっていくとかそういうのがあるんですか?

まぁ、そうですね。まぁ、暴走族も総長、副総長、特攻隊長、親衛隊長とかいろいろあるんですけど。そうですね、なんか舐められたら終わるみたいな世界もあって。やっぱりなんかいろいろそういう集団暴走とか喧嘩のときとかに、一回ビビってしまったことが伝わると、もう不良人生終わりみたいな。大袈裟にボクも思ってたし、みんなたぶん思ってると思うんですよね、やってた人たちは。

——そんなこともできんのかみたいな感じですか?

はい、はい。警察にもビビっちゃいけんとか、喧嘩相手にビビっちゃいけないとか、そういうのは強かったんで。自分も怖いんですよ、日々怖いんですけど、あの、でも暴走とか暴走族の喧嘩とかでも、ビビっ怖いって思ってることは絶対にバレないようにやり続けないと、ここにおられなくなるかもしれない。逆に言うと、自分が、そうですね、そこにいられなくなるかもしれないというのは。

――じゃあ、自分の存在を確認するじゃないけど、ここに居ていいんだと思うために殴ったりしてたっていうことなんですか？

それはあるかもしれないですね。あとはけっこう、やっぱりその毎日先輩の溜まり場とか行くと、ボクお金ないけど、先輩が買ってくれた弁当を半分食べさしてくれたりとか。けっこういろんなとこ連れてってくれたり。まぁ、ほんといろんな話もしてくれるし。けっこうチームの誰かがどこかで殴られたとかになったら、すぐみんな集まって仕返しに行くんで。なんかその面倒見は、ほんとめちゃくちゃいいんですよ。

――連帯感みたいな？

はい。だからほんと好きなんですよ、先輩とかが。悪いことやってるから許されることじゃないけど、かっこいいなと思っちゃうんですよね。中学生くらいのときには。

――外に対しては悪いことやってるけど、その集団のなかでは優しい空間みたいなものがあったんですかね？

内は仲間で、外は敵みたいな極端な感じなんで。

――なるほどね。内外の差が激しいというか……。

で、そのボク、薬物やったことないんですけど、当時シンナーがめちゃくちゃ流行ってたんですよ。だから溜まり場に行くと、もうその家に五人か六人いて、男の子も女の子もいたんですけど、みんなシンナー吸ってるんですよ、もう毎日どこ行っても。で、シンナー吸いながらバイク乗ったりしてたんですけど。当時暴走族で七、八割ぐらいはシンナーやってたんですよ。二、三割ぐらいはやらない、絶対シンナーやらない派に分かれてたんですけど、やらない派のほうが少なくて。で、ボク、いつも溜まり場に行ったら、けっこう尊敬してる先輩がシンナーを吸いながら、「絶対オマエ、シンナーするなよ」って言ってくれたんです。シンナー吸いながら。で、けっこうそのシンナーやらない派のOBの人もいて、暴走族の。その人たち、暴走族の現役の子たちがシンナー吸ってるの絶対許せないので。シンナーすることが一回先輩にバレて、木刀で殴られた。その先輩、手の骨折れちゃったんですよ。で、次の日シンナー吸ってましたからね、先輩。だから、シンナー一回吸ったらやめれん、毎日みんな吸っとるんですよ。木刀で殴られても次の日吸ってるから。シンナーって、一回やったらやめれんのんじゃないかなっていうのは思い出したんですよ。って思ったのと、その先輩がシンナー吸いながら「絶対やるなよ」って何回も言ってきてたので、やらんほうがいいんじゃないかなというのは思ってましたね。で、けっこうまた他の先輩が勧めてくるんですよ、「吸え吸え」って。そしたら、いつも止めてくれる先輩が、「こいつだけは絶対誘うな」みたいなんで止めてくれてたんで。だからボクは一回も吸うこともなく、暴走族人生終えることができたんです。

――吸いたいなって気持ちは？

いや、なかったですね。ちょっと興味がなかったわけじゃないけど、吸いたい、めちゃくちゃ吸いたいとはならなかったです。もう一つは、不良漫画の影響がめちゃくちゃ大きかったので、中一ぐらいから。いろんな不良漫画を読んで。で、その不良漫画の主人公とか、かっこいい人ってシンナーやらないんですよ。他の人たちがシンナーやったら、リーダーみたいな、主人公みたいな人が怒ったり止めたりするんですよ。

——なるほど。

で、あのかっこいい不良はシンナーをやらないんだというのが、なんか植え付けられてた。

——そのとき目指してたのは、かっこいい不良だったんですか？

そうかもしれないですね。

——その尊敬する先輩って、いまお話を聞いてたら、高坂さんのこともたぶん特別に思ってるんだろうなって。

みんな後輩に優しかったですけどね。でも、けっこうすぐ殴る先輩とかもいたんですけど。後輩すぐ殴ったりとか、後輩に万引きばっかさせる先輩もいたんですよ。逆にそういうのを止める先輩もいたりとか、いろんな人たちがいて。そういうのをみて、やっぱそのつくづく感じるのは、自分より年下の人を一回も殴ったことがないんですけど、後輩殴る人ってカッコ悪いなとか、そういうのは何人か見ながら。

——その尊敬してた先輩は、後輩を守ってくれる感じの人だったんですか？

ボクは殴られたことないです、その人から。他の人からはしょっちゅう殴られたんですけど……。

——殴られたりしても、暴走族とのかかわりから離れなかったことには何か理由はあるんですか？

たぶん悪いことやめたら、何か終わってしまうぐらいに思ってたのかもしれない。地元で暴走族入って、途中で辞める人もいたんです。だけどボクは、途中で辞めた人めちゃくちゃ馬鹿にしてたんで、その当時は。少年院出てきて辞めたりとかいろいろあって、暴走族抜けて逃げたりする人もいて。そういう人を見て、当時は一回悪い世界来たのに途中で辞める人を、ものすごい馬鹿にしてたんで。

——日和った人みたいな？

はい。だから、自分はそれは何か絶対ダメみたいなことを、すごい勝手に思ったんですよ。

——一回その世界に入ったら、もともといた、なんて言うかふつうの「中学生の世界」っていうのには、もう疎遠になってしまっていたんですか？

いや、そんなことなかったですね。暴走族入ったんですけど、ボクらの同学年は三〇〜四〇人くらいのクラスが六クラスの規模の学校で、そのうち四、五人ぐらい暴走族入ったんですよ。レディースに入っている女の子なんかもいて。『BADBOYS』っていう漫画にみんな影響を受けていて。で、暴走族入ってない友だちもめっちゃその仲良かった。みんな仲良いんで、だから一緒に遊んでましたね。集団暴走とかは来ないですけど。ただ、暴走族入ってない友だちのこともボクは好きだったんで。会いたいから学校にはいつも遅刻とかして行ってたんですよ。そうすると髪染めて短ランボンタンみたいな着てるので、授業には入れてもらえないんですよ、ボクら。で、「相談室にいなさい」って言われて。で、小学生のような算数のプリントとか渡されて、「これでもやっといてくれ」って言われて、先生いなくなって、相談室にボクだけいて。で、休憩になったら友だちと会えるんで、その友だちのとこ行ったんですよ。

——自習みたいな感じですか？

まぁそうですね。先生からはあんまもう怒られなくなってきましたね。ほったらかしみたいな。授業には入れてもらえなかったですね。

——なるほど。休み時間は、友だちと会わせてくれるっていうのがおもしろいですね。じゃあ、中学校時代は暴走族が居場所で、たまに友だちに会いに学校に行っていたというよう感じだったんですか？

あっ、あと中二であの暴走族入ってたときに、集団暴走が事件になって、その当時は後ろに乗ってる人は逮捕されなかった時代だったんですよ。だから前に乗ってる人は全員逮捕で鑑別所とか少年院行ったんですけど、ボクは後ろだったんで、任意同行で警察に呼ばれて、在宅で審判あって、保護観察処分になった程度で済んだという感じでした。だから、中二から保護観察を受けたんですよ。

——刑事司法とのかかわりでいくと、その保護観察のが初めてですか？

いちばん最初に警察に補導されたのは中一なんですけど、そのときは保護観察ついてなかったんで。ただ注意されたみたいな。

——そのときは万引きとかですか？

いや、中一のときはゲームショップがあって、夜シャッター閉まってたんで、そのシャッターを開けて、なかのお金とかゲームを盗もうと思って、夜ガチャガチャやってたんですよ。そうこうしているうちに警察が来て、まだ壊す前だったからか注意されて、親呼ばれて帰りました。

——そのときはお母さんとかはもう……。

めちゃくちゃ怒ってましたね。交番に来て、めちゃくちゃ頭叩かれてましたし。物凄い怒ってましたね。申し訳ないことしたなって思っても、次の日なったら忘れて……。

――警察とのかかわりでいくと、その二回だけなんですか？

うーんと、そうですね。

――じゃあ、そのわりと毎日やんちゃしてたわりには……。

全然警察に捕まらずで。

――なるほど。そんな感じで中学校卒業して、で、「高校には絶対行け」って言われたのもあったから高校に進学されたんですか？

あ、そうです、高校には入学して。ボクらの中学校、隣の中学校、またその隣の中学校にいる暴走族の友だちとか何人かが行く高校があって。そこは定員割れしてたんで、ボクは入試では〇点とかだったと思うんですけど。でも入れるんですよ。だから生徒はみんな暴走族でそこに入って。で、入学式のとき、タバコ吸ってたんですよ、トイレで。そしたら先生に見つかって、入学式で停学になって。

――それは、ロックですね（笑）

そのとき「高校暴走」っていうのがすごい流行ってたんですよ。高校のまわりがちょうどバイクで走れるコースになってて。そのあたりをバイクで走ると、みんなが授業中でも窓から見るんですよ。で、停学中も、あ、さすがにあの顔はタオルとかで隠してですけど、停学中も暇だからバイクで「高校暴走」とか行ったりして。停学が開けたあと、あの、授業って最初から受けたこと一回もないんですけど、友だちは好きだったので高校に行ったら、すごい暴走族のチーマーがいたんです。それで仲良く遊んでたりして。で、四月の第三土曜日になったら、各暴走族のチームが集まる連合集会っていうのがあったんですよ。ボクらが入っている暴走族の連合があって、第三土曜日は市内の公園で連合、一つの連合がだいたい一〇チームぐらいかな、七〇、八〇人ぐらいがこう集まって。そこに警察とか学校の先生とか教育委員会の先生とか、みんなパトロールに来るんですよ。それで、合同集会って四月、ちょうど停学明けすぐだったんですけど。特攻服着ておったら高校の担任の先生がいたんですよ。で、ボクはけっこうフレンドリーにしゃべってたら、次の週の月曜日、学校に親と呼ばれて「暴走族入ってる人は自主退学してもらわんといけん」って言われたんで、自主退学なっちゃったんです。もうその日に。だから一ヶ月もせんうちに自主退学して。そのときは父親に殴られましたね。父親めちゃくちゃ優しい人なんですけど。とにかく母親がめちゃくちゃショック受けてたんですよ、ボクが高校自主退学なってしまったことを。それでもまぁ、ボクは何も思ってなかった。友だちとまた遊んどったら、父親が仕事終わってみんなと遊んでるところバーって来て、とりあえずクルマ乗れって言われて、クルマ乗って。母親に電話して謝れって言われて、で、謝って。クルマで一発ぐらい殴られましたね。

——それは高坂さんにとって、けっこう大きな出来事だったんですか？

父親に殴られたことですか、そうですね。殴るような人じゃないんで。父も母も高校自主退学なったことは、めちゃくちゃショック受けてましたね。本当に。ボクより親のほうが大きいことだと思ってました。

——でも殴られて、そんだけ重大だったんだってことに、そのとき気づいたんですか？

いや、そのときはまだ気づいてないんですよ。殴られてほんと申し訳ないことしたなって反省してるんですけど、すぐ忘れるんですよ。次の日とかなったら遊び出すっていう。

――ちなみに、暴走族に入ってる人は自主退学になるっていうルールがあったっておっしゃったじゃないですか。そうすると、一学年でけっこういっぱい辞めていったということですか？

一学年ほとんど辞めましたね。ただ、暴走族入ってたら辞めないといけないっていうふうにボクは言われたんですけど、みんなに適用してるかはわからない。だから暴走族に入ってるけど、ちょっとまだ残ってる人もいたんで。学校の先生がきちんと把握してないからか、何なのかそれはわかんないですけど。

――自主退学して、お父さんに怒られて、その後はどうしたんですか？

もう完全に高校もないので、完全に昼夜逆転で、昼か夕方ぐらい起きて、ずっとバイク乗って遊んでて。朝明るくなってきたら家に帰ってきてまた寝て。また夕方起きて、また暴走族活動する。毎日それだったんですよ。

――そのときもまだご実家に住んでいたんですか？

実家に住んでますね。で、その高一の年齢の夏ぐらいに逮捕になったんですけど。それは後輩と四〇〇ccのバイクを昼間に盗んでたんですよ。盗もうと思ってガチャガチャやってたら持ち主の人が出てきたんで、逃げなきゃいけんと思って。そのとき、ボク財布を、自分の身分証明入った財布を落としたんですよ。で、逃げたんですよ。で、絶対バレるわと思って、持ち主の人のところに戻ってピンポーンって押して。「あの、鍵壊した分は弁償するんで身分証明返してもらえませんかね」って言ったら、「警察呼んじゃったんですぐ来ると思うんから、逃げたほうがいいですよ」って言われて。で、電話番号交換してもらったんですよ。「絶対ボクのこと言わんでくださいね」って言って。で、「わかりました」って言ってたんですけど……。結局言っちゃって。ボクは、逮捕状がもう出ちゃったなと思って。そっからもう家に帰らずに、そのときの彼女の家とか泊まったりして。でも、ずっと逃げてても仕方がないと思って、何日か経ったあとに自分から警察に行って、窃盗未遂で逮捕になって。その後、バイクの窃盗の余罪とか出てきて。それで初めての逮捕で一〇日間の留置で、初めての鑑別所入って、そのままえっと、短期の少年院送致になってしまって。

——なるほど。でも何かそれ、自分でそのまま逃げててもしょうがないって思えるのってすごいなって。

あっ、それも何か変な感覚で、何か他の人たちは逃げてたんですよ。でも、何か逃げても「出頭する」ってよく先輩とか言ってたんで、逃げてて出頭するのがちょっとかっこいいと思ってたんで、ちょっと。

——なるほど。

ずっと逃げてる先輩見たことがなかったんで。どっかのタイミングで「出頭してくるわ」って言うんですよ、みんなが。それを見て、ちょっと男らしいなって何か思ったりしてたんで。

——なるほど。出頭するタイミングとかってあるんですか?

どうなんでしょうね。警察とかとも話したりしましたね。ちょっと半日から二日くらい待ってや、とか。そのあいだにまぁ、彼女と話したりとか。

——で、初めての少年院に。

そうですね。それが愛媛県にある松山学園っていうところで。約五ヶ月ぐらいですかね、少年院いたのは。

――やっぱり今まで入ったことがあった鑑別所とかとは、感覚的に全然違いましたか?

そうですね。初めて少年院行って。ボク、人生で坊主にしたことなかったんですけど、少年院入った日に坊主になるし。やっぱり入った瞬間からめちゃくちゃ厳しいんですよ。なんか「気をつけ」とか、なんかその姿勢とか返事の仕方とか一つひとつでめちゃくちゃ怒鳴られて。ほんととんでもないとこ来たなっていうのは思いましたね。でも、けっこう前向きというかポジティブな考え方、少年時代からの自分の考え方なんですけど、「自分なんか死んだほうがいい。死にたい」って思ったことあんまなくて。けど、少年院に入った最初の一週間ぐらいは単独室にいるんですよ。そのときはもう、ちょっと先が見えんすぎて、なんか死にたいなと思うぐらい思いましたね。

――気分がこう落ちていって、でも、もう一回持ち直すっていうのはなんかきっかけがあったんですか?

まぁ、そうですね。それでまぁ、少年院入って。少年院では一〇日とか一週間経つと集団寮にだんだん行けるんですけど、集団でいろんな子たちと生活していって。そのときは真面目になる気がまったくないんで、ボクは。あの、ほかの人に「どっから来たん」とか、「なんか暴走族やっとたん」とか、いろいろ、先生にバレないように話したりとか。変な生活ばっかしてたんで、規則違反とかでちょっと伸びてしまったりとかしてたんですけど。でも、母親はその広島市から片道五時間かけて、電車とかフェリーとか乗り継いで面会に来てくれてたんですよ。けっこう面会きてくれて、手紙もくれたり、差し入れとかも。本、当時ハリーポッターが出たばっかで、『ハリーポッターと賢者の石』とかくれて。で、だんだんその親への感謝の気持ちが出てきたんですよ。それまでは親がいてあたりまえとか、親にしてもらって洗濯とかご飯とか食べる物とか、何もかもやってくれるのがあたりまえってほんと思ってたんですよね。親への感謝とか考えたことなかったんですけど。でも少年院入ると、親もおらんし、やっぱりいろんなことに厳しいんで。そんなにもかかわらず、自分は親が面会きてくれたり、手紙くれたりして。でも、面会とかせっかく来てくれても素直になれない。三〇分しかないんで、母親が五時間かけて来てくれても三〇分しか話せなくて……。母親はボクに真面目になってほしいからいろいろ厳しいことも言ってくるんですよ。そしたら、おもしろくないから言い返したりして。結局変な感じで面会が終わって。その日の夜、なんでもうちょっと素直なれんかったんかなと、一人で泣いちゃったりとかする。手紙でも泣いたりとかですね。そうこうしとるうちに、母親から子宮ガンになったっていう手紙が来て。それはもうめちゃくちゃ泣いたんですよ。もう母親が死ぬんだと思って。あぁ、二度と会えんと思って。少年院の先生とかにもずっと相談して。それはけっこう、ほんともうショックで。結局、母は手術して今も生きてるんですけど。そのときはもう、そのもし親が生きてくれてたら絶対親孝行できる息子になろうって。で、もう母親にはこれから反抗したりせずに、もうとにかく母に優しくしゃべったり、母を心配させることはやめようってことは固く決めたんですよ。固く決めたのと、もう一個、出ても暴走族は絶対やるってことは決めてたんで。それはなんか矛盾してると思うんですけど……。ボクは今まで暴走族とか悪いことやってたことを親にオープンにしてたんですよ。でも、これをオープンにするのはやめて、母親には「もう暴走族辞めたよ」って言って。「ちゃんと真面目に仕事してるから安心してね」ってずっと言って。あともう一個気をつけようって思ったのは、ほんと当時アホだったんで、悪いことやるときにはもう財布を落とさないように気をつけようっていう。なんか財布を落としたから捕まった、財布落とさんかったら捕まってない、今まで悪いことでも捕まってないんで、っていう考え方になってしまって。だから、悪いことするときにはチェーン付きの財布にしたほうがいいのかなとか。あ、やっぱりそもそも持って行かないほうがいいのかなとか。それで、親を絶対安心させる、でも暴走族は絶対やるっていうふうに決めて、そのまま出院したので。

――その暴走族を絶対やるぞっていう強いモチベーションは、どこにあったんですか？

やっぱり途中でやめる人はもう一番、ボクのなかで一番情けない人ぐらいに思ってたんですよ。暴走族、一八歳で引退なんですけど、一回入ったにもかかわらず途中で辞める人は、世の中で一番あり得ない人みたいな。一八まで勤め上げるっていうのが絶対っていう、なんか強いこだわりがあったんですよ。

――なるほど。そこは揺らがなかったんですね。そのときは一六歳くらいですか？

一六歳ですね。で、出たのが次の年の三月。出た日に少年院に父親が迎えに来てくれてて、保護観察所行って、お世話になった交番に挨拶に行ったんです。出た日に。

――お世話になった交番っていうのは、出頭したところですか？

はい。で、そこに挨拶に行って。ボクがテクテク歩いてたら、友だちが、たぶんボクが出てくること聞いてたんでしょうね。盗んだ原付で二人乗りでノーヘルで「わー」って来て。「おかえりー」みたいな感じで来てくれて。「ひさしぶりー」とか言って、三人でこういろいろコンビニの裏でしゃべって、最近の暴走族状況ちょっといろいろ確認して。で、これからも自分たちの暴走族、広島で一番にせないけんわみたいなぐらいの気持ちになってるんです。で、「帰ろっか」って、バイクで三人乗りして戻って。

――三人乗り⁉

そしたら、あの二個上の先輩が居酒屋にいたんで、そこで先輩と話しして。その先輩に「四〇〇cc の物凄くうるさいバイク乗るか」って言われて。「乗ります」って言って、少年院出た日に二人乗りして、ボクが運転してたんですけど。そしたら、さっき昼間に挨拶に行った警察官がパトカーで追っかけてきて。出てきた日に追われて、まぁ、それで先輩に代わって。運転中にバイクって運転代われるんですよ。前の人と後ろの人で。ボクら「バトルチェンジ」って言ってたんですけど。運転中に走りながら代われるんですよ。それで代わってもらって、先輩がシュシュシュって抜けて、あぁ、出てきた日に捕まらんでよかったって。そっから毎日また、少年院入る前よりもっと悪くなっていきましたね。

――ちなみに、これまで母親に対してオープンにしてたっていうのは、どんな感じだったんですか？

まぁまぁまぁ、その特攻服、家に飾ったりとか。まぁ結局、その気持ちも和らいでいって、結局オープンになったんですけど。

――じゃあ、最初のうちはお母さんは、気づいてなかったんですか？

うーん、入院してましたからね。入院してて、母親の病院に行って、「悪いことやめるよ」「暴走族も絶対辞める」って言ってましたけど。まぁ途中からは、気づいたんだと思いますけど。

――じゃあ、そこからまた悪くなっていった？

そうですね。どんどんそこから毎日のように、悪いことやって。で、少年院出て一ヶ月ぐらいで、次、逮捕になって。二回目の鑑別所入って、出てすぐだったんで絶対少年院行くと思ったけど……。もう鑑別所なんでまた坊主にして。そのときはほんとに運よく出れたんですよ。また保護観察で出れて。でも、また出た日から悪いことして。一七歳のときに、両腕両面に刺青入れて。で、あの、えっと、そしたら先輩のクルマに乗っとる女の子がいて、その女が「あそこのクルマに飾ってあるクルマのホイールが欲しいって言っとるけぇ、盗るん手伝ってくれ」って言われたんですよ、ボクは。で、「わかりました」って言って、その女の人が助手席乗って、その男と三人で乗って。夜、クルマ屋の展示車両のホイールを外して、四つ外して、クルマに積んだんですよ。そしたら警察が来て、警察官がそのクルマの前に立ったんですよ。そしたら、その運転手の女の人が焦って、バーって発進して、警察官がボンネットにグワーって上乗って。上乗って、後ろからドンッドンって落ちていったんです。そのままビューって逃げていって。ボク、けっこうとんでもないことになったなと思って。で、そしたらラジオとかテレビとかでニュースになってたんで、そのことが。いや、これ絶対捕まるなって思って。それでナンバーが、その女の人のクルマのナンバーだったんで、その人もうすぐ逮捕されたんですよ。で、ボクらにも逮捕状下りたんで。それ一七歳のときだったんですけど、そっからはもう絶対次は少年院行くことが一〇〇パーセントわかってたんで、その状況で。鑑別も次で三回目になるし。だからもう、どっちみち少年院行くんだったらもう好き放題やろうって思って。で、あの、ただ当時、その警察っていうのもなんか変なのが、その合同、月一回の合同集会とかも警察みんな来るんですよ。

警察の顔見知りの人とかも来て、逮捕状下りてても一応タオルとかして隠れながら出てた。でも、ふつうに話しして、「もうちょっとしたら出頭するから、ちょっと待っといてや」みたいな話で逮捕されないんですよ。で、そっからずっと、当時、あの金庫破りが超流行ってて。ガソリンスタンドとか、レンタルショップとかゲーム店とか、夜中コンビニとかですね。事務所に入って、金庫を、まぁ、クルマのトランク乗るぐらいのサイズの金庫だったら、ワッて持ち上げてクルマの後ろに乗せて。それでそれを山に持ってって開けるか、ものすごいでっかい金庫だったら店のなかで開けるっていう金庫破りを集団暴走やるっていうのをずっとやってて、どんどんどん事件起こしていって。で、半年ぐらい逃げてたら、そのときは出頭できなかったんですけど。彼女の家に寝てたら、朝、警察が来て、覆面が二、三台。気づくと一〇人ぐらい警官が来てて。で、彼女の家でパッと起きて二階の窓から飛び降りて、そのままめちゃくちゃ走って逃げて。警察がずっと追いかけてきたんですけど、ドブみたいなところに飛んで。結局、取り押さえられて。足の裏めちゃくちゃ怪我したんですけど。そのときに、あのまぁ、いろんな事件起こしてたんで。当時一八歳ぐらいになってたんです。で、一回目の事件で逮捕なって、で、一〇日間調べたら次の警察署で再逮捕、また一〇日経つと次の再逮捕っていうので、九回連続で再逮捕、再逮捕ってなって。

――九回も……。

その後、鑑別所に行って少年院送致。次は比較的長期っていうので一年半、大分の少年院行ったんです。一七歳のとき父がたぶん不貞行為をして両親が離婚して、母は福岡に住んでたんですよ。それで福岡から母が大分に面会に来てくれて。で、大分の少年院出た日に、また友だちが無免許のクルマとかで「おかえり」って迎えに来る。後輩もバイク乗って「やー」って言って。で、後ろに友だち乗せてバイク乗って、またパトカーに追われてしまって……。出た日だからすごいボクもブランクがあって、エンジンが一回止まっちゃって。バイクもう捨てるわって、走って逃げて警察に追われて。まぁ、結局逃げ切ったんですけど。

——すげぇ。

そっからまた広島に帰って、悪いこと始めました。そのとき二〇歳。まぁ、一八歳で暴走族引退するけど、大分の少年院出たのが一九歳一〇ヶ月ぐらいだったんですよ。そしたら暴走族現役ではないので、暴走族のOBになって。で、月に一回合同集会のときに、ボクらの連合は「面倒見」と呼ばれる暴力団の人がバックにいるんですよ。全員暴走族メンバーで、一人月三〇〇〇円の会費があるんですよ。それを各チームのリーダー、頭が集めて、それをまた連合の頭が集めて、連合の頭がまたその「面倒見」と呼ばれる人にお金渡して、またその人が組員の人に渡すんですけど。ボクは出てきてから一回か二回くらいだけ、その合同集会のときに顔出して、みんなからお金集めて、それを暴力団に渡すっていうのをやりました。そっからは、（二台以上の車で一台のクルマをカスタマイズしていく）「盗難車ニコイチ」というのがすごい流行ってたんでそれをやったり、高級車を盗んで何回か乗ったり、それを売るっていうのが流行ってて、それをやったりとかしてました。

——なるほど。

それで大分出たあとは、半年ぐらい父のとこで働いたんですよ。父が会社の社長にお願いしてくれて。その社長も、もうちっちゃいときから知ってるんで。そこで働かしてもらってたんですけど。そこの会社も、盗んだクルマに無免許で乗って仕事行ってたんですけど。でも、いろいろなんかこう、悪いことやりながらも、父親がやってる仕事したりとか。あと青年海外協力隊もそのとき受けたんですよ。

——青年海外協力隊⁈

あのなんか、大分の少年院にいたときにいろいろ考えるようになって。発展途上国の子どもたちの実情を新聞で見たときに、なんか日本だと、悪いことして少年院にいてもまだ恵まれた世界だけど、ほんとにもうお金がなくて、何百円かのワクチンが打てなくて死んでる子どもたくさんいるとか書いてあって。あの、これは全部なんかもう、世の中の大人が悪いって思い始めたんですよ。子どもは悪くない。悪いことはやめないけど、なんかその、そういう子たちのために何かやりたいと思うようになって。で、少年院の先生に「国連の職員になりたいけど」って聞いてみたら、けっこうハードルが高いことがわかって。しかも国連の職員なるためには英語かフランス語のどっちかが必要ってなったんで、ボク少年院でフランス語勉強するようになったんですよ、独学で。

——なんで英語じゃなかったんですか？

いやなんか、英語かフランス語ってなったときに、フランス語のほうがかっこいいって思って。ずっとフランス語勉強して。で、少年院って毎日テレビ見れるんですよ。でもボク、少年院行ってから、最初から最後までテレビも見ずに、めちゃくちゃ優等生の生活送ったんですよ。当時、少年ヤクザの子たちがけっこう多かった。九州だったんで。福岡とかでは、少年なんですけどすでに暴力団員とかいう子たちもいて。その子たちも相手にせずに真面目にやって、成績はAからEまであるんですけど、総合評価Aっていうのを最後とって、特別進級っていうのを二回して、ちょっと早く出たんですけど。それも真面目になるために真面目にやるというよりかは、悪いことはやめないけど、青年海外協力隊はやりたいと思ってた。発展途上国行って、子どもたちのためになることをなんかしたい。少年院出て、悪いことやりながらも、英会話教室に登録して、盗んだお金でクルマに乗って英会話教室通ってたんです、当時。で、青年海外協力隊っていろんな要件があって、大卒で何の実務経験が必要ってのがいっぱいあるんですけど、唯一、ボクがいけるかなと思ったのが、学歴不問で珠算というのがあったんですよ。少年院でそろばん学級があって、まぁ二級までとったんで珠算でいけるかなと思って、珠算で受けたんですけど落ちました。落ちて、またそこでずっと何回も何回もチャレンジして。いま思えばもうちょっと早めに悪いことやめれてたのかもしれないですけど……。

——大分の少年院を出たときに、その青年海外協力隊に受かってればもうそこで？

たぶん二年のコースなんで、二〇歳ぐらいだから。二年行ってれば、もうちょっと早く悪いことやめてたか、またそっちの国で悪いことやってたかわかんないです。

——でもまぁ、運悪く落ちてしまって。で、また元の生活に戻ってきた？

そうですね。それで二一歳のときに、まぁ、仲の良かった暴走族の先輩が暴力団組員になってたんですよ。その人の兄貴分を紹介されて。ボク、二〇歳のときはブランド物のコピー、ヴィトンとかそういうブランド物のコピーを大阪に自分で仕入れに行って、広島持ってきて売るっていうので儲けたりしてたんですけど。ボクの先輩が紹介してくれた暴力団の組員の人が、大阪にブランド物のコピー、もうちょっと安くて良い質のものを仕入れられる韓国人のおばさんを紹介してくれたんですよ。一緒に行って、けっこう大量に良いものを仕入れてまた広島で売ったら、ものすごい儲かったんですよ。で、それで儲かった分の一部を包んで、そのお礼に届けに行ったら、「そんなお金欲しくて紹介したわけじゃない。いらん」って断られて。でもまぁ、飯でも行くかって言われて、ご飯連れてってもらって。そのときになんか暴力団の人とかかわりがあっても、あんまり深くなくて。兄貴舎弟みたいなのにはちょっとならんほうがいいかなと思ってたんですけど、この人は他の暴力団の人とはたぶん違ってめちゃくちゃいい人だと思ってしまって。二個上の先輩もついてる人だから。そっからはほぼ毎日のように、その人と行動するようになって。まぁ、二一歳でそっから三年ぐらいは、その人の運転手とかなっていって。それで、その人から「ヤクザになるか、オモテで行くんかどっちがいいんや」ってなって。ボクは「組員じゃなくてオモテの事業やりたいです」って話したら、じゃ何やるかってなって。クルマやるかってなって。で、クルマ屋を作って。あの株式会社の代表取締役、ボクが就任して。でも、資本金とかはヤクザ暴力団の人に出してもらってるんですけど。で、儲かった利益の分を折半しました。ほかにも人材派遣とかやってたんですけど。

——じゃあそのときから、現在にもつながる実業家・高坂朝人が誕生してたんですね。

あぁ、そうです。実業家を目指してたんですよ。それで、クルマも二一歳から二四歳まで三年間、その暴力団につきながら一ヶ月に絶対クルマを三台以上売るってことは決めてたんで、二台とか一台とかになったことがなくて。三年間のあいだに月に三台以上絶対売ってたんですよ。で、クルマを仕入れに行って、売ったりするんですけど、ずっと無免許だったんです。二七歳ぐらいに初めて免許とってるんで。無免許でお客さんのクルマ乗ってるんで……。

――もちろんお客さんは、無免許だってことは知らない？

知ってる。いや、知ってる人もいるんです。無免許の人にも売ってたんで、ボクは。三年間で一〇〇台以上売ってます。

――それは盗難車をですか？

それは正規の、ほんとの盗難車とかじゃなくて。正規のクルマ屋さんの市場、オークション会場とかで仕入れて。

――クルマのバイヤーとしても優秀だったっていうことですよね？

ちゃんと本当に、夜中とかでも電話あったらすぐ行ったりとか。自分のクルマを買ってくれた人は大切にしてました。

――そのお話を聞くと、今の高坂さんのイメージとつながるというか、結びつくような感じがしますね。

その暴力団の一〇歳上の人が兄貴分みたいな感じだったんですけど、その人も事業というか、その人はデリヘル三店舗持ってたりとか、ときどき不動産屋、けっこう高い不動産を人に売る分の仲介やったりとかしてたんで。暴力団組員なんだけど、事業をちゃんと真剣にやる。毎日ボク、一緒にいたんですけど、仕事にはめちゃくちゃ厳しかったんですよ。電話の出方とか、仕事のやり方とか、お客さんのこととか、すごい叩き込まれて。だから毎日スーツ着て。

――暴力団にお金は流れてなかったんですか？

暴力団のほうではないいんだけど、利益が折半でその組に渡してたんで。組に入れたわけじゃなくて、組員に渡してた。一緒にやってる人。だから、そのちゃんと確定申告もやってて、三年間。っていうので人材派遣も登録して、兄貴のような人が紹介してくれるパチンコ屋さんと契約して、若い子とかでパチンコ屋で働きたい人がいたら派遣したりとかもしてました。それは本当に真面目に真剣にやってました。

――じゃあそのときは、いわゆる犯罪行為はもうやってなかったんですか？

あ、でも、クルマ無免許っていうのと、何かトラブルがあったときに人を殴ったりとか、ちょっと恐喝したりとかは。兄貴分から預かってた日本刀が家にあったりとかも。野球、甲子園賭博もちょっとお手伝いしたり。ほんとそういうのは、ちょっとありました。だから成人なってから逮捕されたのは三回なんですよ。一回が友だちが逮捕状下りてる人を匿ったみたいな犯人隠避というのと、あとクルマの無免許が二回あったんですけど。それ以外は逮捕されてない。あんまりそのめちゃくちゃ悪いこと、窃盗とかもやっちゃいけんって言われてたんで。だから窃盗とか一切やめてたんですよ。このときも薬物もやらなかったですし。

――「盗みと薬はやるな」っていう、そこはもう素直に従ってたんですね。

はい、そうですね。毎日朝九時だったかな、ボクがクルマで行って、組長の家に送るんですけど。一回だけ、三年間で一回だけ寝坊したことがあって。それで坊主になりましたね。けっこうその人、めちゃくちゃ厳しかったんで。しょっちゅう、いやしょっちゅうじゃないけど、何回か顔めちゃくちゃ殴られて、目から血が出とるぐらいボコボコになりましたね。

――それも何ていうか、しつけてもらってるみたいな感覚だったんですか？

そう。自分が悪いことしたからみたいに受け止めて。クルマ買ってもらったり、スーツも買ってもらったり、ご飯もいつも連れてってもらってて。飴と鞭がすごかったです。で、ボクが逮捕されたときも、すぐ私選の弁護士つけてくれて。拘置所入ったらすぐ保釈金払ってくれて、すぐに出れたんですよ。そういう弁護士つけてもらったり、保釈金払ってもらうと、よりついていこうって気持ちが強くなっちゃうんですよね。なんかあったらすぐ助けてくれるので。

——そっからもう、その生活から抜け出せなくなって……。

そうですね。でも二三歳一一ヶ月のときに、当時付き合ってた彼女が、現在の妻が妊娠して。妊娠五ヶ月。妊娠してすぐ立ち直ろうと思ったわけじゃなくて、妊娠五ヶ月なったときに妻と二人で夜、暇じゃけぇ何やろっかってなったときに、まぁ、六甲山の夜景見にいこうてなって、ボクがクルマ運転して、高速道路で走って、神戸の六甲山の夜景見てたんです。そしたらまた兄貴分から電話かかってきて、ほんとはその日、組員の集金行かないといけなくて。いろんな風俗店とか面倒見てて、毎月みかじめ料をボクがとりに行かないといけなかったんですよ。それを忘れててめちゃくちゃ怒られて、「今からすぐ持って行きます」ってなって。で、電話切ったらその直後、なんかいろいろ考えて、あの、あのなんかずっといろいろ考えたんですけど。それまで真面目になろうとか、その暴力団の人と縁を切ろうとか思ったこと全然なかったんですけど。でもよく考えたら、あと五ヶ月したら子どもが産まれてくるけど、今のままだとどうなるのかなと思って。そのとき執行猶予中だったんですよ。で、たぶん自分の子ども産まれても、捕まったりして刑務所入ったりなるだろうなとか。もう一個はその、休みがない、休みがなかったんですね。毎日その、月曜から日曜まで毎日、毎日それやってて。土日休みとかもないし。まぁ、元旦とかお盆とかも毎日それやるんですけど。兄貴分が親分つき、組長つきだったんで、毎日それやってたんです。ときどき兄貴分が組長つきを休むときがあって。そしたらボクも急に「明日オマエ、休みでえぇぞ」って言われたんですよ。それは休みなんで。でも、そんな生活だったんで、子どもの参観日とかもちゃんと行けるんかなとか、家族旅行も行けれんのじゃないかと思い始めて。どっちにしろ今のままだと、たぶん子どもが絶対これ不幸になるなと思って。それはちょっともう、ダメなんじゃないかなと思い始めて。初めていろいろ考えていくなかで、悪いことやめたほうがいいんじゃないかな。悪いことやめるんだったら今日からやめるかみたいな。けっこう極端な性格なのか、いろいろ考えた。そのとき今日からやめないけん、ということを思い始めて。それで、妻に「今日から悪いことやめるわ」って言って。で、悪いことやめるにはその人らと縁を切らないといけないから、縁を切るために地元に残ったまま縁切る人もいるんですけど、ボクはその自信はちょっとなかったんですよ。ちゃんと話したら結局暴力ふるわれて、お金の話になるので、逃げるって決めて。妻に「誰にも言わずに今日県外に逃げるからついてきてくれん」って言って。妻は広島で育ってるし、家族もいるので、最初嫌だって言ってたんですよ。「嫌だ、嫌だ」って。でも、ずっと話し合いをして。で、そんなん言うんだったらここから飛び降りるみたいなことを、その死ぬみたいなことを妻が言い出して。ほんとでも県外逃げようやって。じゃあ、今からボーリングして、ボクが勝ったらって一緒に逃げようって。勝ったらって言ったけど、ボク負けちゃったんです。それでも妻もなんか折れてくれてついて行くってなって。とりあえず広島すぐ戻って、荷物だけ積んで、何の当てもなく名古屋に。そっからもう暴力団とは縁を切って。

――そこからはもう、全然追いかけられたりとかはしなかったんですか？

探されてたみたいなんですけど、名古屋まで追いかけて来たってことは聞いたことないです。名古屋にいること自体も、最初はバレてなかったと思うんで。

――名古屋を選んだのは、もうまったく偶然というか？

そうですね。誰も縁もゆかりもないし……。なんかその親戚のとこに逃げるっていうのは、けっこうあったみたいなんですよ、他の人たちは。だから、親戚のところにいたら捕まえられてたので。縁もゆかりもあるところに。ボクも妻も縁があるところだったらバレちゃうんで。

――当時、逃げるために正規の方法みたいのはあんまりないんですか？

（暴力団の）準構成員が逃げる方法ですか。まぁ、組員だったら暴対法が適用されて、あの、なんかあったら中止命令とかかけられるらしいんですけど。ちょっと前も、愛知県の民暴（民事介入暴力）の人たちに講演に行かしてもらって話してたんですけど、半グレと準構成員になると暴対法（暴力団対策法）がたぶんできんみたいなことを言ってたんで。ただ弁護士が電話したり文書を送って、弁護士がいまかかわってますよということを伝えることで、少し引いてくれる人はいるって言ってたんで。ボクの場合は、一回こっちの警察署に相談に行ってたんですよ。そしたら結局、何もしてもらえる状況じゃなかったんで、警察署はもうダメだと思って諦めて。で、見つけたら、またなんか五〇〇万ぐらい払わないけんみたいなことを周りの人に言われてたんで。それで、自分が一八歳のときにかかわってた弁護士に電話して。そしたら、すごい力になってくれて。水谷司法書士って知ってますかね。その水谷さん。あ、一八歳のときに会った弁護士で秋田さんって人は、反貧困ネットワークの代表なんです。で、その秋田さんが水谷さん知ってたから、「名古屋にいるなら水谷さんとこすぐ行って」って言われて。そしたら、相談乗ってくれて。株式会社の代表取締役にもうなっちゃってるとか、全部経緯を話して。

——なるほどなるほど。

その会社も一回たたもうということでいろやってくれて。まぁ、何とかという感じ。ちょっと前も水谷さんとこ行って、いま自立準備ホームの全国協議会を一般社団にしてるんですけど、これも水谷さんにお願いしに行きました。KOSE株式会社の登記も、水谷さんにやってもらってたんで。

——なるほどなるほど。で、名古屋に来て水谷先生にいろいろつないでもらって、環境整えて。

そうですね。そっからもう一五年経ちましたね。最初は家がなかったんで、クルマで一〇日間ぐらい車上生活して。クルマのなかから居酒屋のバイトとか応募してたんですけど、落ちちゃって。家もないし、中卒だし、職歴もないので落ちて。家がないとやっぱダメだなと思って。そのクルマ、ヴォクシーっていう名前のクルマなんですけど、それを売って。四〇万やったかな。それで名古屋市内に2DKのアパート借りたんですよ。で、そこに住んで。やっぱその、学習教材の営業始めてすぐ辞めて、宝石屋の営業入って辞めて、老人ホームで働いて一年で辞めて、知的障害のグループホーム行って、初めて九年続いたんで。

——なんで知的障害の施設で働こうと思ったんですか?

まぁ、最初はそのとにかく金儲けをしようと思ったんですよ。それで何がいいんかなと思ったときに、これから高齢者が増えるから福祉がいいわと思って。最初老人ホームで一年働いたんですけど、老人ホームで働いてると、惣万さんっていう人が「このゆびとまれ」っていう富山式デイサービスをやっているいることを知って。そこが高齢者・障害者・子どもが一つの場所にいて、それがいい相乗効果を起こすっていうので、ボク、富山まで見に行ったんですよ。で、こういうの良いなって思って。なんか高齢者なら高齢者だけ、障害者なら障害者だけ、子どもなら子どもだけじゃなくて、いろんな人がいることがみんなにとっていいんじゃないかとなってきて。それで障害の現場でも働いたほうがいいわって思って。で、結局いつか自分でやるって決めてたんで、(新規)オープンの施設探そうと思って。ハローワーク行って、障害福祉の法人でオープンのところを探してたら、そのグループホームがあったんです。ただ、あの資格要件に高卒以上とクルマの免許って書いてあって、両方なかったんで電話して、「中卒で免許もないです」って言って。まぁ、面接行って、「ボクは自分でいつか事業やろうと思ってる」って社長に言ったら、社長はもともとは言語聴覚士で働いて独立してたんで、「独立するんだったら、一〇年うちにおったほうがいい」って言われたんですよ。それで、「じゃあ、わかりました。一〇年ここで頑張ってからやります」って社長に言って、雇用してもらって。で、九年経ったときに社長に、約束した一〇年には一年早いけど、どうしてもやりたいっていうので、「独立さしてください」ってお願いして。でも、「事業立ち上げてもやり方がわからないんで、コンサルで入ってください」って、月一万円で二年ぐらい契約してもらって。そうこういろいろしてて、二五歳になったときから非行少年とかかわる活動始めたんです。休みの日は非行少年にかかわる活動やって、仕事は福祉で。本業は福祉、活動は非行少年支援みたいな感じで、二五歳からスタートしたんです。

——その二五歳のときに、非行少年支援を始めようと思ったきっかけは?

あの、その特別養護老人ホームで働いてるときに、それまでなんかお金がすべてと思ってたんですけど、やっぱりその老人ホームのおじいちゃん、おばあちゃんとかが次の日に亡くなったりすると、まぁ、人って亡くなるとお金も使えなくなるじゃないですか。で、ご家族がしょっちゅう来てくれる人もいれば、来てくれない人もいたりとか。あとボク、中卒で犯罪歴もあって。犯罪歴あることはみんなに言ってないですけど。介護の知識もないし、経験もないなかで、出勤して「おはようございます」とかって行くと、「あんたの顔見れて嬉しいわ」っておじいちゃん、おばあちゃんが言ってくれたりとか。トイレとかお風呂とかのお手伝いさせてもらうと、けっこう涙流しながら、「ほんとありがとねありがとね」って言ってくれたり。隣に座って話聞かしてもらってたら、けっこうそれで喜んでくれたりっていうのがあって。そういうなんか、毎日仕事でやっていくと、だんだんそのなんか、お金も大切なんだけど、お金がすべてではないんじゃないんかなってことを少し思うようになったんですよ。で、こんな犯罪歴のある自分でも必要としてくれる人もいるのかなとか、必要としてくれる場所もあるのかっていうのを少しずつ思うようになって。それで仕事以外の時間で、自分ができることがあるんだったら、ボランティアの活動やってみたいなってことを思うようになったんですよ。それで何のボランティアしようかなと思ったときに、子どもにかかわるボランティアしたかったんで、最初は小児がんで長期入院してる子どもたちを支援するＮＰＯ法人があって、そこに連絡して活動するようになって。いろんな病院にその人たちと行って、小児がんで長期入院してる子どもたちとプレールームでバルーンを作って遊ぶっていうボランティアやってたんですよ。そのあとに、何か他のこともやりたいなって思うようになって。でやっぱり、いま非行やってる子たちが自分みたいになってほしくないなと思うようになって。それで非行やってる少年たちにかかわるボランティアってあるのかなと思って。で、ネットで「非行少年」「ボランティア」「愛知県」みたいなキーワードで検索したら、「BBS」っていうのが出てきて。で、名古屋保護観察所の電話番号書いてあったんですよ。そこへ電話して、すぐ行って。「過去に保護観察受けたことがあるけど、こういう活動できますか?」って聞いたときに「できます」って言われて。そこからBBSの人とつなげてもらって、BBSに入会して。そこで少年院行く活動したりだとか、保護観察で帰ってきた子たちと会う活動するようになっていって。それやってるうちにだんだん、非行と向き合う親たちの会の活動もボクするようになって。で、そうこうしてると「NPO法人セカンドチャンス!」が設立ってなってきて、そこのメンバー入って、どんどんその仕事とは別にそういう活動をするようになって、仕事休みの日とかね。やっぱそういう仲間がどんどんどんどん増えていったんですよ、全国に。で、そのなかで二〇一四年に、今ないものを作ろうということで、活動で出会った人たちと一緒に「再サポ」(再非行防止サポートセンター愛知)を設立したんですよ。またやっていくなかで、やっぱ県外に行く子たちのサポートも必要だということで、「全国再非行防止ネットワーク協議会」っていうのを二〇一八年に設立して。実は、二〇一八年には二つ設立してるんですよ。「KOSE株式会社」も設立してるんですけども。ボク、九年間グループホームで働いてたんですけど、ボクが働いてたところは少年院、刑務所出てきた利用者さんって一人もいなかったんですよ。で、上司に「刑務所とかから出てくる人って、入れるんですかね」って聞いたら、「ちょっと難しいんじゃないんかね」って言ってたんで。通常の障害福祉の事業所は、少年院とか刑務所出てくる人で障害のある人は入れないのかなって思うようになって。それで、少年院、刑務所出てくる人で、障害のある人が住めるグループホームを作ろうと思って。一つ法人作ってやっていこう、ってなって。会社独立、辞めて二〇一八年に作ったんです。

――二〇一八年が一つの転機になったんですね。

あぁ、そうですね。福祉で働いてたときは合計一〇年働いてるんですけど、給料が手取りでだいたい二〇万円ぐらいだったんです。で、子ども二人の家族四人だったんで、アパートは家賃、駐車場込みで六万五〇〇〇円のとこにずっと住んでたんです。それまで一軒家というのに住んだことなかったんです。で、自己破産もしてるんで。三五歳まではけっこうお金もカツカツで、生活とか活動もギリギリのところでやっていって。でも三八歳で、去年なんですけど、やっと家のローンが通って、生まれて初めて一軒家を買って、中古の家に住み始めたんです。

――活動を組織化していくというのが高坂さんの特徴だと思うんですけど、組織化していくっていうことに意味を見出してるんですか?

あんまり意識したことはなかったんですけど、まぁ、たぶん一人では結局何もできんとほんとに思ってるんで。その、あとあるものは使えばいいとボクは思ってるので。制度とか団体とかそういうものがあるんだったら、それを最大限使う。でも、選択肢は絶対多いほうがいいって思ってるんで。そのあるものが一つしかなかったら、その人たちが合わんかったら、全然ダメだから。あるものがあっても、似たようなものが何個かあって選べるようになってたほうがいいと思うし。ないものは、やっぱり誰かが作らないといけないと思うので。そこはみんなで協力しながら。自分たちでできるものは自分たちで作りたいなと思っています。

——今後、どうやっていきたいとか展望はありますか？

再犯を減らすっていうのは、すごくボクこだわってるんで、これはまぁ死ぬまでやっていきたいと思ってるんです。で、そしたらこう、再犯を減らすツールとか選択肢はいっぱいいろんなメニューがあったほうがいいと思ってるんですよね。そのボクがすごく好きなBBSっていうのも絶対必要。セカンドチャンスっていうのも必要だし、再サポみたいな団体もあったほうがいいと思う。再サポやってたメンバーで渋谷さんっていう人が、「陽和」って団体作ったんですよ。それもボクはいいと思ってて、団体が増えれば再サポに合わん子もいるんですよ、絶対。そしたら陽和って選択肢もある。その全国再非行防止ネットワーク協議会みたいなものもあって、KOSE株式会社もある。で、この罪を犯した障害のある人も、必ずホームも全員合うわけじゃないじゃないですか。KOSE株式会社のグループホームやB型も合わない人は合わない人で、いろんなことがある。最近力を入れている自立準備ホームがもっと使いやすい制度になっていかないといけないんで、そこを全国組織として法務省に伝えたりとか、そういうのはこれから絶対やっていかないといけない。あとは、いろんな団体やらしてもらったので、そういう活動したいと思ってる人とか、少しでもやらせてもらえることがあったらしたいし。なんか、最初ここでかかわった子から、昨日ちょうど電話かかってきて。フィリピンの子で、こっちで事件起こして。で、最初少年だけ検察官送致になって、少年法五五条移送っていうのでまた少年審判に戻って、少年院三年になって。で、ビザが切れちゃたんで。ビザが切れると、少年院出た日に入管（出入国在留管理庁）に入っちゃうんですね。名古屋市にある入管行って、面会行ってやりとりして。そのあとフィリピンに強制送還になったんですよ。で、一回セブにボク会いに行って、今日も連絡入れたんですけど、ときどき連絡とったりとかしてて。でも、そのいろんな縁があって日本に来てくれて、罪を犯した子たちのサポートというのがすごい薄いと思うし。で、強制送還になったあとの人のサポートはたぶん、なんか日本の人ってやってないイメージがあるんですよね。いろんな事情があって日本に来てくれてる外国人の人のサポート、罪を犯した人の。強制送還になるならるで、強制送還する前にきちんと向こうの国の公的機関と民間団体ときちんと連携しながら、やっぱりちゃんとサポートをずっと続けるというかしないと、向こうでまた犯罪やっちゃうとよくないですよね。だから強制送還したらもう終わりとかじゃなくて。で、ありがたいことに、フィリピンの子が日本また来たいっていう相談してくれてるんで。強制送還になった子がまた日本のこと好きに思ってくれて、日本に来たいと思ってる、日本でまた頑張りたいと思ってるので、そういうサポートもしたいし。今もちょうどボリビアの子で少年院出て、入管行って、仮放免のそのときかかってきたんですけど。仮放免中は仕事もしちゃいけないし、住民票がないんで保険証もないし、生活保護も受けられないので、どうやって生きていけっていうのって。仕事しちゃいけん、生活保護も受けれん、保険証も一〇割負担。生きていきようがない制度になっちゃってるんですよ。それもやっぱり何とかしないといけないと思うんで。そういうのは、これから力入れてやって行きたいなと思ってます。

——外国籍の子どもたちは、どこでどうアウトリーチしたんですか？

そのフィリピンの子は最初、弁護士さんが連絡くれて、そのボリビアの子も弁護士さんがつなげてくれたんですよ。偶然知った弁護士さんがつなげてくれたみたいな感じで。ただ、外国籍の非行少年が増えてるわけじゃなくて、日本で検挙されてる人が約四万人ぐらいいて、そのうち外国籍の検挙が一％ぐらいなんで、めちゃくちゃ多いわけじゃないんですよね。でも、その子たちのサポートとか薄いんですよ。日本人が日本で罪を犯したときよりも、外国籍の人が日本で罪を犯したときのほうがずっと不安なことが多いので、ほんとはもっとサポートが必要な人だと思うんです。

——青年海外協力隊への想いが巡りめぐって？

そうです。子どもが二人いるんですけど、二人目の子どもが大学卒業する年が一二年半後ぐらいなんで、それぐらい経ったら、もうボク、その海外の発展途上国、開発途上国に住んで、そこでいろんな事情で犯罪やってしまう子たちとかかわりながらやっていきたいなと思ってます。

——いろんな立ち直りを支えたいみたいな強い思いっていうのは、どっから出てきてるんですか？

なんか支えさせてもらってる自分がこの活動で支えてもらって、自分の精神的なものとか、全部支えてもらってるんで。この活動することが、自分の再犯のブレーキになってるのは間違いなくて。たぶんすごい活発なんですよ、ボク。なんかその少年、小学校のころもすごく活発で、暴走族時代も集団暴走やるって決めたら毎日やってたんですよ。で、悪い方向に行こうと思ったらめちゃくちゃ悪くなるんですよ。なんかずっとやっちゃうんですよね。だからそのエネルギーがなんかもう、再犯を減らすってはっきり決めれば、その方向でずっといくんだと思います。

〔高坂朝人　二〇二一年三月三一日〕

Ⅱ

犯罪行為を手離すために

第3話

「自分みたいなボロボロの人間でも最初から大事にしてくれた」

生まれは大阪です。泉州地区。泉大津。

——いつまで大阪にいたんですか?

一〇年くらい前まで。

——酒井さん今は何歳でしたっけ?

いま四六です。

——じゃあ、三六歳までは大阪いたってことですね。それまでは三〇年間くらいはずっと大阪に住んでたってことですか?

そうそう。

——ご家族は?

お母さんは刑務所に入ってるときにガンで亡くなった。お父さんは生きてるけど、名古屋刑務所まではは面倒見てくれたんですけど、岡崎医療で見捨てられた。もう連絡もとられへん。あとは、四つ上の姉がひとり。

――子どものときの印象に残っている思い出とかありますか？

お父さんと会ったのは数えるほどですね。お金もらうときだけ。

――お父さんとお母さんとお姉ちゃんと一緒に住んでたわけじゃないんですか？

物心ついたころには離婚してますから。

――そうなんですね。お母さんとお姉ちゃんと酒井さんで暮らしてた？

そうです。あと何年間か、男の人が家に住むようになった。

――お母さんの彼氏みたいな人と一緒に住んでたってことですね。それは酒井さんにとってはいい思い出なんですかね？

いい思い出もありますよ。難波のほうに遊びにつれて行ってもらったり……オッチャンに。はじめて牛丼食べたんがそのとき。こんなに美味しいものがあったんかって思って、牛丼食べて。あとは悪い思い出ばっかり。

――悪い思い出？

中学生くらいからタバコ吸いだして、それで塗装屋で働くことになったんですね。ほんでシンナー欲しくて、そのまま一斗缶持って帰ったり。

――何かきっかけとかあるんですか？

はじめ横におるだけやったんですけど、吸うてる人の。横におったらいい匂いやなって。近くにおるあいだにこっちがラリってきて。

――そのときって、吸ってた人は歳上ですか？

いや、同い歳。

――じゃあ、酒井さんと同い歳くらいの人がその塗装屋さんではいっぱい働いてた？

いや、自分と三人くらい。

――中学生って、一四、一五歳くらい？

一五ですね。一四のときにシンナー覚えて。タバコも一四のとき。タバコは親が吸っとって。自然と親のやつ勝手に吸っとって。ツレもみんな吸っとったから。酒も飲んでた。

――ツレっちゅうのはどんな？

一緒に公園でたむろしたり。お姉ちゃんが原チャリ買っとって、クルマと原チャリあったから、原チャリ勝手に乗っていったり。

――タバコ吸ってたとき、家でも吸ってたってことですよね？　お母さんに怒られたりは？

家でも吸ってた。お母さんが毎日一箱買ってきてくれた。

――怒られたりせーへんかったんですか？

自分の分、なくなるの嫌みたいで。

――自分の吸われるくらいだったら……。アンタの専用のやつ買うたるわって？

『週刊少年ジャンプ』とタバコはセットで。

――なかなかＶＩＰ待遇ですね。小学校のときはどんな小学生やったんですか？

小児喘息いうやつで身体弱かったんですけど、大きくなるにつれてよくなって、喧嘩ばっかりやってました。

——悪ガキやったんですね。

手に鎖巻いて。

——手に鎖巻いて……。もうガチで殴り合い？

鼻血出したら勝ちみたいな。

——あっ、でもそこで止めるんですね、鼻血出たら。

だいたいその辺で誰か止めに入って来る。

——それいいルールですよね。大けがしなくて済みますもんね。

わかりやすいし。だいたい二、三発で決まる。

——相手は毎回違ったんですか？

違う。ひと学年下の子がずっとじっと見てるから、「なんやねん」ってなったり。目が合ったら殴りかかるみたいな。

——そんな小学生います？

自分らの地域が悪かったんですかね。

——時代も、地域もあったのかもしれませんね。

ヤクザ映画とか、不良の漫画が……。『ビー・バップ・ハイスクール』とか『湘南爆走族』とか。

——じゃあ、髪型とかもうバリバリにきめてて？

小学校はふつうの髪型。中学なったら坊主なって。

――そこは従うんですね。

いや、従わない。みんな坊主やけどツレらは髪の毛伸ばして。パンチパーマのリーゼント。この（襟足）あたり伸ばして。だから変形服も着て。

――ボンタン、長ランみたいなやつですかね？

不良がけっこうモテた時代なんですよ、女の子に。一番のモテ期ですね、中学校のとき。本命が一人いて、あと遊ぶ子。何股もしてて。けっこうお金もかかって。

――とんだプレイボーイ発言ですけど（笑） 本命はちゃんと大切にして。

弁当作ってもらったりして。

――中学生で？

弁当作ってもらって、ラスタカラーの鞄作ってもらったりして。

――そのときはけっこう楽しい思い出？

そうですね、一番楽しかった思い出。

――人生でグラフがあるとしたら、そのときが一番ピークですか？

そうですね。一九歳くらいまでですね。女、薬物、自由……。何やっても楽しかった。

――なるほど。そのときの喧嘩をするとかシンナー吸うとかタバコ吸うっていうのは、背景にはモテたいっていう、モテるためにかっこよくありたいっていうのがあったりしたんですか？

自然に、そういう変形服欲しいであるとか。それをするには恐喝しかないなとか。お母さんにもらうのも三〇〇〇円くらいやし。

——限界ありますもんね。恐喝は誰に教えてもらったんですか？

恐喝はもうツレらで。「ツレが妊娠さしてもうたから金貸してくれ」とか言って、一人ひとり回っていく、学校のなかで。同年代の。

——それはまず貸してくれなんですか？

「貸してくれ。一〇〇〇円でもいいから貸してくれ」って。

——仲間内で一旦は解決しようっていうことですね。

そこでけっこう集まる。

——互助会みたいなもんで、誰かがそうだったら……。

あとゲームの機械とかで、とりあえず貸したってくれって。

——カタにとるってこと？

質屋に売りに行けるからね。人のゲームを借りて、それを売って金にする。

——それは貸した人も了承してたんですか？

いや、たぶん諦めてると思う。

——恐喝は誰に？

クラス全員とか。

——でも中学生って、お金持ってないんじゃないですか？

持ってますよ、けっこう小遣いで。ジャンプしろって飛ばせて、チャリンチャリンって鳴ったら、持ってるやないかいって。

——何百円とか？

それも塵も積もればで。

——なるほどね……。「オヤジ狩り」みたいなことをやってたわけじゃないってことですね？

あぁいうのはやってないですね。

——そういうのをやってたっていうのは、お母さんとかは知ってたんですか？

いや、知らんかったと思う。でも、シンナーは知ってましたよ。

——知ってて、お母さんはなんて言ってました？

なんもよう言わんみたいな感じ。

——お母さんもシンナーとか薬物とかやってた？

いや、やってない。朝と晩と働いてたからあんまり会う機会がなかった。

——寂しくはなかったですか？

寂しい思いもあってシンナーで……。

——やっぱりシンナーやったら、いろんな気持ちって紛れていくんですか？

そう。音楽聴いてシンナー吸ったり。

——音楽はレゲエみたいなやつ？

レゲエは中学ぐらいですね。

——あれ？　中学校のときは学校行きながら塗装屋でも働いてたってことですか？

学校はほとんど行かんと。

——ほとんど行かんと塗装屋で働いてた？　でも、その恐喝しに行くときは、わざわざふだんは行ってない学校に恐喝しに行ってた？

ツレが代わりにやってるときもある。

——酒井さんはどっちかっていうと、ツレのなかでは親分格やったんですか？

いや、まだ上はいました。真ん中辺。やっぱり喧嘩強い奴が上。

——何人ぐらいのグループやったんですか？

一〇人くらいです。

——その一〇人でいつも助け合ったり、喧嘩もしたり、いろんなことをしてたと。中学卒業して、ずっと塗装屋で働いてるんですか？

いや、一六歳くらいのときかに仕事変わって。鉄筋屋。

——なんで塗装屋さんから鉄筋屋さんに転職したんですか？

給料が全然ちゃうかったから。鉄筋屋は一万五〇〇〇円くらいやった。

——日当？　一〇代でそれはけっこう稼げる。

服とか、みんな一〇万とか買ってた。あの頃はすごかったです。

——ちなみに、塗装屋って日当いくらくらいやったんですか？

六五〇〇円くらい。

——全然違いますね。

だいぶピンハネされとったから。こいつらガキやからって。

――足元見られてた……。

よう儲かってた。でも、給料日には寿司食わしてくれて。

――牛丼と寿司、どっちが美味かったですか？

やっぱ寿司。でも、あの牛丼の味は忘れられへん。

――鉄筋屋でやってるときも、引き続きシンナーとかはやってたんですか？

シンナーは常にやってた。

――常にやってた。塗装屋さんで働いてたときはシンナーとかすぐに手に入るのはなんとなくわかるんですけど、鉄筋屋さんに移ってもシンナーはすぐに手に入ったんですか？

倉庫、同じとこ行くから。いつも置いてあるから。

――あ、くすねに行くってことですか？

シャッターのなかに一斗缶が並んである。

――そういえば、シンナーってどうやって吸ってたんですか？

ビニールのね、端先をくくるんですよ。で、底を作ってそのなかに液体入れて。ほんでフーって。ようみんな吸ったらレーザー見てとか言うてたけど、あんまりそんなんはなかった。自分は記憶飛ぶほうやった。地球缶って言って、バイクのパンク修理の缶あるんですよ。ゴムのりって言って。それがけっこう人気高い。一個五〇〇円くらいで売ってる。

――安いし飛べるし、みたいな？

そうですね。でも、シンナーやってて三回捕まった、警察に。

――それは何歳くらいのとき？

中学出てくらい。先輩が働いとった工場にシンナーがあって、一斗缶取ってこいって言われて。自転車で二人乗りで一斗缶持って走ってたら後ろからパトカー来て、「止まりなさい」って。もう一人のツレはチャリンコでダーって逃げて、オレは置いてけぼりで。逃げたいのに逃げられへんくて。

――ほぼハメられたみたいなもんですね……。

ちょいちょいそういうことある。その後にもね。ふつうやったら逃げるんやけどね。なんでか逃げようと思えへんかった。三回捕まって、鑑別所も一回行って。自分、喘息やってね。けっこう身体弱かったんですよ。でも力はあってん。階段とかいつも団地一五階建てで八階やってん。それを階段でわざと登ったり下りたり、毎日してた。

――なるほど、トレーニングっちゅうか……。

鑑別所は、行ったときはなんかビデオ見させられて、運動あったけど運動全然やって、喘息で。運動したかったですけど。先生のほうからストップが。よかったのは、週二回お菓子が出てきて。どうぶつのクッキーみたいな。あれが美味しかったのも覚えてる。期間的には、一四日と二八日のがあって、けど長いほうやった。これやばいんちゃうか、少年院行かなあかんのちゃうかって。けど行かんで済んだ。

――何回目に捕まったときに鑑別所まで行ったんですか？

三回目。一回目、二回目は留置場で。

――一回目、二回目の留置場は、何日くらいいたんですか？

四八《よんぱち》（四八時間）だけで。留置場では出前がでてきて、お母さんも来てくれて。捕まったらお母さんとこ連絡行くでしょ。ほんでお母さんが面会来てくれて。で、お金入れてってくれたから出前とって。

――そのとき酒井さんはどこに住んでたんですか？　お母さんと一緒に住んでた？

団地に住んでた。お母ちゃんとは仲良かった。

――そのときお姉ちゃんはどこにいました？

お姉ちゃんはおじさんのことが気に入らんから、家にあんまりおらへんかった。

――三人で住んでたってことですか？

そう。すぐ姉も結婚して。早い目に結婚した。

――逮捕されたりしたことによってクビになったりしたんですか？

それはならなかった。でも、三回捕まって鑑別所行くようになって、行ったからちょっと反省して。部屋のなかで吸うようになったし。ウロウロせんようにした。机に入れて、隠れて吸うようにした。

――酒井さん以外の人も捕まったりしてたことあるんですか？

ツレもシンナーで捕まったりしてた。珍しいことではなかった。そういえば、そんときニッカポッカ履いて、地下足袋履いて、よく立ち飲みとかも行ってました。

――鉄筋屋のあとはどうしたんですか？

また塗装屋戻りました。前に働いてたとことは違うところに。そのあとは、水道屋、機械工、それくらいか。あ、土木もあった。臨海線っていう線があって、道路が。海側の所にガス会社が堺にあるんです。そこにペンキ塗りの仕事入って。一回塗って、端まで行くのに何ヶ月もかかるんです。だから一回塗ってまた戻って塗りなおして、また行って、くり返して。

——その間もシンナーは続けてたんですか？

続けてた。

——中学校のときはめっちゃモテてたって言ってましたけど、鉄筋工のときとか、もう一回戻った塗装工のときとかも？

けっこうモテてましたよ。そんなに数はおらへんかったけど、本命はちゃんといた。稼ぎもまぁまぁあったから、いいもん買ってあげてた。

——何歳くらいからお母さんと一緒に住まなくなるんですか？

二〇歳くらい。オッチャンは先に出て行ってて、お母さんが家出て行って。オレは残った、団地に。ツレのたまり場みたいになってた。

——そのときって、家賃って自分で払えてたんですか？

未納になってた。

——追い出されることになるんですか？

「出て行け」とは言われへんかったけど、ガスとか電気とか止まって。まだ一九、二〇歳やから子どもじゃないですか。だからガス代払うとか家賃払うとかわからんかった。止まったら止まったでぇぇわって思って、止まってましたね。塗装工ばっかり行ったり来たりして働いてはいたけど。

——なるほど。

ずっとシンナー吸っとって、その日もたまり場やったからシンナー吸っとって、そんなにむちゃむちゃ仲良いツレでも同級生でもない奴、そいつがシャブ打っとって。シンナーやってるときに「もっとええもんあるで」って。「なに？」って聞いたら、「これ」って見せてもらって。そのときここ(腕)に打ってもらったんやけど、血管に入らへんかって、そんなに気持ちいいとか思わへんかってん。皮下注射みたいな。そのときはそれで一回こっきりやったんですね。つぎ、塗装屋さんの親方がシャブ打っとって。だんじりの屋根に乗っとって、それで有名やった人で。

――親方がやってて、オマエもやるかって言われた？

ほんで、どこで売ってるかとか教えてくれたっていうか、一緒に行った。自分で覚えて。自分で買いに行って、自分で打って。

――西成ですか？　いわゆる「立ちんぼ」さんから買うってことですか？

そう。

――はじめて立ちんぼさん見たときどう思いました？

異国の国やなって。

――異国の国……。西成には親方にクルマとかで連れて行ってもらってってことですか？

クルマは自分で買ったんですよ。立ちんぼから、オヤジがお金渡して商品もらって帰るみたいな。そういうのを何回か見とったら、自分もやってみよかなって。〇・三グラムが一パケで一万円。高いけど良心的。混じりっ気のないやつ。粗悪品だと具合悪くなるけど、えぇやつをやったら残らないって言うか……。悪いのは「爆弾」って言って、一回ボンってきて身体が熱くなる。ふつう「さぶっ」

てなる。

――クスリはみんなの前でやってたんですか？

はじめはみんなに隠してた。なんでだろね。

――でもシンナーは「ウェーイ」って、言ってやってたんでしょ？　シンナーはええけど、覚せい剤はちょっと隠さなあかんなっていう感覚が酒井さんのなかにはあったんですか？

それはあったかな。

――たしかにシンナーは非行の延長やけど、覚せい剤は犯罪みたいなイメージはあるかもしれませんね。

隠れながらやってた。やってたら自分がおかしなってきて。

――おかしなってくるっていうのも自分でわかったんですか？

だんだん仕事も休むようになってきて、親方が家に見に来たりとか。自分寝てるところに注射器転がってて。「オマエやっとったんか」って。「いや違うよ」って。

――どれくらいの頻度で？

実際、自分でどのくらい入れていいんかわからへんかった。水どれくらい入れていいんかもわからんくて、適当に打っとって。毎日打ってた。シンナーのよさとはまた全然違うものがあって。

――何が違うんですか？

なんか髪の毛が逆立つような、瞳孔開いて、三日くらい寝なくても元気になれる。体力もあるし。

――それが二〇歳くらいから何年くらい続くんですか？

四年くらい。はじめのうちは〇・三グラムで買っとったんですけど、しまいに一グラムずつ買うようになって。三万円。だんだん量も増えてくるからね。量と回数が増えてくるから。多いときは、それを三日か四日やね。多いときはもう二時間おきくらいに。週二グラムくらいのペース。一番多いときは。

――じゃあ、週五万とか使ってしまう？　そのお金はどうしたんですか？

そのときは一緒にシャブ打ってる女の子のところにおった。付き合ってはなかったけど、セックスやったりとかシャブも一緒に打ったりしとって。ほんで金いるなってことになって、引ったくりでもしよかって。クルマで女の人のカバン、チャリンコのカゴのカバンのとこギリギリまでつけて女の子がバッて盗って。

――実行犯は女の子なんですね。

根性ありますよ。ほかに恐喝もやっとったし。もっとひどくなってましたね。ローン組ませて金のネックレス。「金いるからローン組んでくれや」とか言って。同級生のちょっと気弱なタイプの子狙ってとか。

――薬物以外でそういう恐喝とか窃盗とかし始めたのはいつですか？

一九歳くらいのとき。

――そのときは仕事して稼ぐみたいな発想はあんまりなかった？

仕事もやっとったけど、手っ取り早くお金作るには。闇金から一〇万ひっぱって。他人の名義の保険証で名前書いたりも。薬物で身体の状態が悪ければ仕事はできへんから。三日経ったら寝てしまう。

力尽きて。いくら打っても寝てしまう。起きて「今日何日？」って、何日かわからへん。二〜三日起きっぱなしで、二日寝っぱなしみたいな。

――しょっちゅう時差が生じちゃう。

そんな生活を何年か続けてて、二四歳くらいのとき、先輩みたいな人にクルマもらったんですよ。そのクルマのナンバープレート毎日変えとったんですよ。一回事件起こすごとにナンバープレート変えとかなあかんで。カメラに映ったりもあるし。

――ちなみに、そのナンバープレートはどっから持ってくるんですか？

それも窃盗。ひったくりしたカードで、買い物したりもしてた。手っ取り早くタバコ何カートンとか買って。ひったくり終わって出されて、カード止められる前に買えるだけ買っとこうって。すぐ買わなあかん。だからゲームの本体買ったり。

――それで警察に目つけられた？

ちょっとひどかったですね。クルマも訳わからんクルマやって。ナンバープレートも違うし。盗ったカードも持っとったし。

――急に警察が家に来た？

泉佐野のほうで飯食おう思って、さっき言ってた女の子が「カヨ」って言うんですけど、カヨが一緒に飯食いに行こうと思ったら、パトカーが一台来て、「うわ、パトカーや、やばいな」って思ってファミリーレストラン入ったんですけど。追いかけてきて。店入ろうと思ったら手抑えられて。

――ごはん食べに行こうと思ったら、刑事が令状持って？

いや、令状もってない。マークはされとった。

――なんでそのとき捕まったんですか?

挙動不審になってたと思う。キョロキョロしてた。ほんで「ちょっと持ち物見してくれるか」って。

――そのときどう思いました?

捕まるときがきたなって。

――いつかは捕まるって思ってたんですか?

はい。

――開き直るって言うか、観念した感じやったんですか?

はい。なんもわからへんかったし、若いから。ナンバープレート盗難やったから、すぐ警察署連れていかれて。

――もう観念してるから「あー、もう刑務所入るわ」って思ってた感じやったんですか?

ひったくり、窃盗、ナンバープレート窃盗でしょ。それで覚せい剤。それぐらい。だいぶ握ってくれたから。はじめてやから。裁判までいったけど、執行猶予で出れた。一年半の五年やったかな。でもそんときは、はじめて捕まったんで執行猶予がどういう意味かわからんかった。刑務所っていうこともわからんかった。一緒の留置場の人が、「オマエ絶対やばいぞ」って。「そんだけやってたら執行猶予たぶんつかへんぞ」って言われてて。

――懲役一年六月の執行猶予三年。最初の逮捕のときはなんとかシャバに留まれた。

そうですね。弁当食い終わって。

――じゃあ、三年間は真面目にやったんですか？

はい。お母さんが住んでるとこに行った。仕事はそのときはクルマの。

――そのあとまたシャブに戻って行くのは、なんかきっかけあったんですか？

やっぱ快感とか、酒飲んだときの勢いとか。

――執行猶予なってからはお母さんとふたり暮らし？

新しいオッチャンおった。クルマのメーター巻くっていう。

――メーター巻く？

走行距離を弄ってクルマを……サバを読むって言うか。はじめはオークションで買ってきて、メーター弄ってまた同じオークションに出すっていう。高く売るために。

――そのときもクスリはやってたんですか？

やってた。

――それはお母さんとか交際相手のオッチャンは知ってたんですか？

知ってました。でも、ひったくりはやめましたね。クルマでウロウロしたら捕まるから。それから、売人の手伝いしたり、使いっぱしりみたいなん始めた。クスリの売人。「今日は誰々のとこに今から持って行ってくれるか」とか。はじめ自分が客やった。そっから知り合って、しゃべってるうちに仲良くなって。

――なるほど。

それで、そのあと家出て、七つ歳下の彼女と同棲してた。このときは落ち着いてた。彼女には黙ってシャブしてて、それがバレてフラれてしまった。寝てるときに無理矢理セックスしようとしたり、金遣いが荒くなったりで……。

――それで生活がすさんでいった？

はい。

――つぎに捕まるのいつなんですか？

だいぶ空いてましたね。八年くらい。その間は、クルマの窃盗はやってました。置き引きじゃなくて、ドアのところにバールみたいなんで開けて、コロコロの棒を改造して、そっから棒入れて、クルマそのものを盗んでた。トランク開けて、バックルすぐとれるようにしてた。鍵屋さんに持って行って、鍵作ってもらって。

――荒いんんか、丁寧なんかわからん仕事ですね……。闇の鍵屋さんみたいなのがいるってことですね。

三〇〇〇円くらいで作ってくれる。

――安いですね。それで盗難車の売買をしてたってことですか？

売買もしてたけど、自分らで乗るのも。売るのは、売人が売人を呼ぶみたいな。客が客を呼ぶみたいな。

――そのつぎ捕まるのはなんでなんですか？

つぎはシャブですね。少年刑務所じゃなく、一般になるギリギリの歳くらいやった。滋賀刑務所。一年六月。仮釈三ヶ月ほどもらって、真面目にやったから。

――一年三ヶ月入ったってことや。仮釈放がついてるってことは、身元引受人は？

お母さん。

——酒井さん、刑務所自体は何回入ってるんですか？

五回。

——一回目出たあと、どこ行ったんですか？

お母さん迎えに来たから、またお母さんの家に。オッチャンと一緒に。

——一回目出たあとの生活って、どんなんだったんですか？

最悪ですね。その晩の日に飲みに行って、オッチャンらと。その日にシャブ打って。

——その日にシャブはどうやって入手したんですか？

もう売ってるとこ知ってるから。知ってるとこあるから。地元やから。知り合いの売人とこ行って。「出てきたんやったら祝いで一発いっとこや」みたいな話で。またシャブやって。刑務所入ってるときも、毎日シャブやりたいなーって思ってた。

——刑務所でも同じ雑居（複数人部屋）に入ってる人としゃべるのはシャブのことばっかり？

そうですね。シャブのこととか「みんな何やったん？」とか言い合って。そっから毎日くらいシャブ。

——つぎ捕まるまでどれくらい？

つぎはね、滋賀のときに一緒にミシンやってた人。その人が連絡を教えてくれとったから、それ控えて持って帰っとったから。先に向こうのほうが早く出とったから。自分が出て電話して「家どこどこや」って言うから、「遊びにおいでや」言うて。ほんで行って、何でしのいでいくかって話なって、その人が、昔は薬局の店舗荒らしやってしのいどったって言って。「どうやるん?」って言って。ブロックを自動ドアに投げて、もう一個ブロック。だいたい二重になってるから二個ブロック持って行って割って、「リアップ」っていう薬あるでしょ。あれと「アリナミンEX」。あれと「救心」。これが高値で売れるって。「リアップ」って一万円くらいする。それが七〇〇〇円かそこらで。

——タダで仕入れてますからね……。

それで盗ることを教えてもらって、一緒に店舗荒らしやるようになった。薬局荒らし。でも自分、途中でやめたんですよ。その人とちょっと喧嘩になって。

——仲違いして、そのつぎは何やってたんですか?

そのつぎは神戸刑です。またシャブ。シャブが五回ある。大刑（大阪刑務所）、名刑（名古屋刑務所）、で、岡崎医療刑。神戸が一年八ヶ月。このときは仮釈放がついた。でも、そのあともなんかいろいろやりましたね。CD盗る奴の見張り役をやったり。盗る専門の人がおって。刑務所で会った人。TSUTAYAでCD万引きして。それをただ見てるだけ。その人クルマないから足になったり。神戸刑出たあともその日の晩にはシャブ打ってた。盗みでは捕まらんかったけど、職質されたときに、護身用にもってた包丁が見つかって銃刀法違反で捕まった。それで大刑は二年八ヶ月。大刑出たときに、お母さんはもう死んどったんかな。だから満期でした。

——満期で出て、そのあとどこ行ったんですか?

それで行くとこなくて。ツレの、自分も知ってるオッチャンっていうか、糖尿病の人おって。その人のとこ行って、知り合いのマンション教えてもらった。「ポン中マンション」って言われてたとこ。

――ポン中マンション？

ポン中（覚せい剤中毒者）だらけのマンション。糖尿病のオッチャンに教えてもろた。住民とはしょっちゅう喧嘩してた。生活保護受けたり、ちょっと売人もやってしのいでた。売人やったほうが、自分の分ももらえるしよかった。ほんでこのとき、眠薬と覚せい剤をいっぱいやって自殺しようとして入院したりもした。

――自殺？　なんでですか？

うーん。孤独でさみしくて。あのー、遊びの女の子はおったけど、彼女はいなくて。

――入院してたっていうのは？

入院してるときにオシッコとられて通報されてた。それで、また大刑入れられて。そのあとなんでか教えてくれんかったけど、名刑に移送になった。けっこうあるみたい。逆バージョンもあって。

――名刑は何年？

三年。三年間独居（一人部屋）やった。頭おかしなって。

――自分でもおかしなってるっていう認識はあったんですか？

ある。部屋のなか、クルクル回ったり。ずっとドア蹴ったり。薬物ばっかりやって。指示薬と安定剤と。電池と石鹸を飲んで死のうとしたりもしたけど、死ねなかった。

――出所するときは？

「無低（無料低額宿泊所）」の人が迎えに来てくれた。刑務所の運動のあるでしょ。そのときに三人くらいでしゃべる。だいたいメンバー一緒になってくるから、それで知り合って。その人に紹介してもらった。

――酒井さん、コミュニケーション能力めちゃめちゃ高いですよね。そんなちょっとのところで、出たあとの家を獲得してしまうなんて、すごいサバイバル技術を持ってますね。それは才能ですね。その人に無低教えてもらって……。

満期日教えとって、その友だちにね。先に友だちが出たから。友だちが言っといてくれて。で、迎えに来てくれた。それでクルマで迎えに来てくれた。それで、迎えに来てくれたクルマのなかで、友だちもクスリやってて、「出所祝いや」って。で、もう打った。やっぱこれやなって。

――いまの心の声っぽいですね。それで、その無低ってどんなとこやったんですか？

けっこう厳しくて。門限もあったし、食事の時間も決まってたし、警察もマークしてるから自分の部屋に何回も来たし、尿検査もさせられたし。生保から五〇〇〇円しかくれんとピンハネしてたし。

――無低紹介してくれた人とは仲良くしてた？

その人は嘘ばっかり言うんですよ。「自分は社長や」とか「シャブはだいぶ持ってる」とか。

――それで仲違い？

何回も捕まりかけて。信号無視とかするからそれで追いかけられて捕まったり。そのときも生保受けて暮らしてた。お父さんにお金送ってもらってて。お金はけっこう貯まっとった。(作業)報奨金もけっこう。

――刑務所のなかで？　お金、けっこうあったのに生保受けれた？

受けれましたね。お金持ってないって言って。

――でも名古屋になってるから、知り合いの売人とかいなくなってるんじゃないですか？

その無低紹介してくれた人が教えてくれた。

――事欠きませんね……。つぎはどのタイミングで捕まるんですか？

最後は注射器が折れてもうて、「注射器だけ持ってきてくれへんか」って売人に電話しに行ったら、「注射器だけで運ぶのはちょっと無理やぞ、オマエ」って言われて。それ電話してるときにパトカー来て。公衆電話から電話してて。「パトカー来てやばいんちゃうか」って、電話切ってトイレ行こうとして。そしたらバッて手取られて。「ちょっと荷物見せてくれるか」って言われて。それまでも、何回も警察捕まりかけて。警察も部屋に二回ぐらい来て、ションベンもとられて捕まりかけたから出ていった。荷物調べたけど荷物にシャブ持ってなかったから、身体に入ってるだけで。その日は帰らせてもらった。つぎの日、ふつうやったら逃げたらいいんやけど、頭くるってるから逃げること考えんと、部屋でのほほんとしとって。アイス食べとったら警察来て、令状見せられて。それで岡崎で三年。はじめ保護会（更生保護施設）頼んどったんですよ。保護会を頼んでたんですけど、何回やってもどこも取ってくれへんかった。出てどないしょうかなって思とったら、刑務所の福祉の人（福祉専門官）が支援してくれるソーシャルワーカー紹介してくれて。福祉の人が「知り合いのソーシャルワーカーがグループホームを始めたから行ってみいひんか」って言われて、「ほな、お願いします」っていう話になった。とりあえず雨風しのげたらどこでもいいわって思っとって。はじめ仮釈もらえるんかなって思っとった。でも「仮釈ないですよ」って言われて。でも住めたらいいかって。

――そのときは、お父さんは引受人になってくれへんかったんですか？

手紙送っても返ってこーへんかった。返って来る、返送で。

――刑務所におるのはやっぱり嫌やった？

そうですね。嫌やった。

――刑務所の嫌さって、どこが一番でした？

食べ物とかですかね。いざシャバに出たらそんなに食いたいと思わへんけど、なかに入ったら甘いモノとか食べたくなる。

――刑務所の福祉の人はほかに何かしてくれたんですか？

障害の手帳をとってもらった。それまでは障害の話は誰もしてくれなかったんですけど。とれるんやったら、とったらいいかなと思って。得になるみたいやったし。ほかに、薬物をやめようというプログラムも受けたけど意味なかった。「自助グループ」に行くこともいっぱい考えたけど。あそこはコンビニにもひとりで行かしてくれへんっていうし、がんじがらめにされて全然自由がないから。

――もちろん、ところによるんでしょうけどね。それで、ソーシャルワーカーさんが出所日迎えに来てくれたんですか？

別の人。グループホーム来てみて、部屋とか入ったら綺麗やったから、新品やったから。部屋にトイレもあるし。洗面所もあるし。よかったなって。

――グループホームに連れて来られたときは、まだ薬物やりたかったんですか？

いや、もうやめようと思ったよ。もうええ歳やし。もうここ逃したらつぎないやろなって。

――グループホームに入るにあたっては、もう薬物はやるなって言われてたんですか？

なんか「自由にしろよ」みたいな。それが大きかった。ふつうがんじがらめにされるじゃないですか、どの施設に行っても。それがなかったからね。「えぇとこやなー」って。
——それっていいところもあるけど、締めるとこ締めてもらったほうが助かるって人もいるんじゃないかっていう気もするんですけど、あんまりそういうのはなかったですか？　自由すぎて困惑みたいな……。

自由なんがえぇ。

——クスリやりたくなるなってタイミングは、今日までないですか？

だいぶ（売人の電話）番号残ってるけどかけてなかった。「シャブ打ちてー」って思うこともあったけど……。でも、七月に一回パクられてる。九月末に起訴されて罰金刑で出てきて。

——七月にパクられたときは何でパクられた？

万引き。

——何を万引きしたんですか？

制汗剤。欲しいなって思って。お金あったよ。お金は払えた。でも、お金置いときたかってん。なんでかはわからんねんけど。

——それで労役場に？

罰金刑出た瞬間もう何日もいたから、もう三ヶ月か二ヶ月半くらい。でも二ヶ月ちょっといたから、「もうえぇよ」ってなった。

——そっからは薬物もやりたいと思うこともないし、万引きもしてない？

たまに思うときあるけど、最後の一歩は踏まんようにしてた。やっぱりソーシャルワーカーさんとかほかの職員の人とか刑務所の福祉の人とか、裏切ったらあかんなって。ソーシャルワーカーさんは、自分みたいなボロボロの人間でも最初から大事にしてくれた。自分のわからんこともよく知ってるし。かけがえのない人。

――それは今まで四回の刑務所出たあとにはなかった気持ちですか？

そうですね。そういう知り合いはできひんかったから。面倒見てくれる人が。

――まったくやりたくなくなったわけじゃなくて、裏切ったらあかんなっていう想いがあるから、最後の一歩は踏みだしてないけど……。

お酒飲んだら酔っぱらい過ぎていってしまうときもあるから、酒もやめて。最悪シャブいったら今までのことが、苦労してやってきたことが無駄になるなって。

――それは誰かに教えてもらった？

自分で。出てきてからもやりたくないっていうか、（刑務所に）入りたくないって。でも、ついこのあいだ、また危ないこともあった。なかなか仕事が決まらなくてイライラして、酔っぱらいたくて酒飲んだらスイッチみたいなん入って。売人のところに電話したけどみんな出なくて。ネットでも検索したけど……。西成やったらやってたかもしれんけど、愛知やったから何とかやらんで済んだ。西成やったらやってたと思う。大阪に帰りたいのは山々やけど、帰ったら友だちはみんな薬物やってるしやりたくなると思うから、もう戻らないと思う。ソーシャルワーカーさんとかに話を聴いてもらえたりしたこともあって、なんとかおさまってきた。

――刑務所に入りたくないのは何で？

自由ないしね。ソーシャルワーカーさんは「自由にやってもいいよ」っていう、そういう雰囲気を出してくれてる。怒らない。門限過ぎても「おかえり」って怒らず言ってくれるし、口うるさくいわない。そこが大きいですね。今はソーシャルワーカーさんくらいしかおらへんからね、自分見てくれる人。シャブ打つことは裏切りになるから、できればやめたい。

——信じてくれる人がおる。やから、ちょっと頑張ろうと、まだ思えてるってことや。

だからいま、役所でも病院でもお金の管理も全部自分でやっていって。

——なるほど。最近、就活も始めたんですよね？　ラブホテルの清掃の仕事を探してるとか。

ラブホテルの清掃は給料がいいから。でも、苦労した。障害者やったら雇ってくれへん。やっぱり一般就労やったらあかんのかなって。上手いこといかへんかった。だから今はヘルパー資格を取ろうと思ってる。

——ヘルパーの資格を取ろうと思ったのはなんでなんですか？

年寄りと付き合いができそうやってみんな言ってくれた。朝、近所を散歩してて、そのとき公園でおじいちゃんおばあちゃんにラジオ体操と落ち葉拾いに誘ってもらって。お年寄りと接するの楽しいなって。あと仕事探しとって、資格持ってなかったらやっぱ不利って言うことで。ナカポツ（障害者就業・生活支援センター）から勧められたのもある。資格とったら就職見つけやすくなるって。介護のほうは二回面接行った。

——そのヘルパーの資格は、ハローワークの求職者支援制度？

そう。それを使って今資格取るのを頑張ってて、この前、ヘルパー二級もとれた。その先にはもう一個資格とりたいなって。介護福祉士……。

――介護福祉士とるぞって。じゃあ、どんどん目標出てきてて、それに向かって頑張っている。

みんなが褒めてくれるからそれが嬉しいのもある。「今日の結果受かりました」って言ったら、「よかったな」って。報告するたびに褒めてくれるし。

――今まで四回刑務所出て、その日のうちにシャブパーティーをやってたときと、今との違いって何が違います？

全然違う。生活的に。あと、飯食べに行ったりする。

――新しい友だちができたんですか？

はい。その遊びに行ってる人が右半身麻痺やねん。ちょっと歳上の人。ことばもちゃんとはしゃべられへんし、ひとりで寂しいですよね、たぶん。それがちょっと可哀想で。昔は、超悪いことしてたみたいやけど。自分にできることあったら家に行って一緒に皿洗ったり、テレビ一緒に見たり。たぶん寂しいと思うねん。そういえば、その人に薬物を手に入れて欲しいと頼んだら、「アカン。それはオマエのために協力できない」と断られたこともあった。

――それは、いい友だちですね。そうやって、いろいろ手伝ったりできるのは、酒井さんがその人の気持ちわかるから、そういうふうにやってるところもあるんですか？

はい。ひとりの人間を助けるのにどれだけ苦労するのか、それを実感してる。

〔酒井タカシ　二〇二一年一二月一八日〕

第4話
「毎日お風呂に入って、好きなときに横になってとか、ごくあたりまえの生活。その生活を守りたいから仕事をする」

——お生まれはどこなんですか？

静岡県の伊豆です。

——伊豆なんですね。幼いときはどんな子どもでしたか？

活発ですね。

——幼いときの一番の思い出って何ですか？

とくにないです。おばあちゃん子でした。強いて言えば、うちの親父の兄弟が酒飲んで喧嘩しているのばっかり見ていたというのはあります。

——伊豆でおばあちゃんとご両親とそのご兄弟ですごされていたんですか？

いや、おばあちゃんだけ。親父は違うところにいて、親父の兄弟もそこにいました。働きに出てました。

——じゃあ、一緒に住まわれていたのは？

おばあちゃんと自分と兄貴と、この三人ですね。お袋というのは、自分は知らないんですよ。

――お兄さんも、お母さんのことはあまり知らないんですか？

いや兄貴は、多少覚えているようなことは言っていましたけどね。

――でも、あまり記憶にないという感じだったんですね。おばあちゃんとかお兄ちゃんとの関係性はどうでしたか？

仲は良かったですね。

――じゃあ、お兄ちゃんと小さいころは一緒に遊んだりとかしてたんですか？

いや、一緒に遊ぶってことはなかったですね。自分が一人でどこでもポンポン行っちゃうんで。

――どんなとこに行ってたんですか？

友だちのところに行ったりとか。ふつうに海行って遊んだり。あと山行って遊んだりとか、そんな感じでしたね。

――なるほど。一番楽しかった思い出とかってあります？

楽しかった思い出……。なんだろう……。楽しいっていう感覚がなかったから。だからないのかもしれないですね、楽しかった思い出っていうのは。

――友だちと遊んでても別に楽しくなかったんですか？

そこまで楽しくなかったような気がするんですよね。

――逆にしんどかった思い出みたいなのはありますか？

なんだろ……。しんどかった……。そうですね……。小遣いっていうのをもらった記憶がないから、欲しいものは全部自分で金を稼いで買ってたっていう。それが周りからしたら、オレのとこちょっとしんどかったなって思う。

——それはいつぐらいからですか？

もう小学校の高学年ぐらいからですね。夏場海に行って潜って貝とか捕って、それを水産会社に売るんですよ。今はもうダメですよ。でも自分らがガキのころはそれが全然ＯＫだったんですよ。まぁ、地元限定なんで、他所の人が来てやったらダメですけど。それで欲しいものを買ってたっていう記憶がありますね。

——そんな商売してる子どもは他にもいたってことですか？

います。

——えーすごい。お家はそんなに裕福ではなかったってことですか？

そうですね。ご飯は食べれてたんですけど、お菓子買ったり、オモチャ買ったりみたいなのがなかったです。お兄ちゃんもそうでした。

——なるほど。お父さんはお家にはあまり帰ってこなかったんですか？

たまに帰ってくる程度ですかね。なので、お父さんとの思い出みたいなのはないですね。

——おばあちゃんとの思い出はたくさんあるんですか？

思い出というか、一緒にいるのがふつうだったから、思い出っていう思い出じゃないのかもしれないですね。外食とか、旅行とかも行ったことないです。

——授業参観は？

わー、どうだろう、おばあちゃんが来てたかな……。そのへんちょっと記憶ないですね。

――稼いだお金では何を買ってたんですか？

それでサッカーボール買ったり、そういうのをやった。近所の友だちと遊ぶために。

――中学校入ったら部活とかやってたんですか？

やってました。バスケットです。弱かったですけど。とりあえず、部活だけは真面目にやってましたね。

――勉強は？

勉強は嫌いですね。運動は得意だったので体育は好きでしたが。

――中学校時代一番楽しかった思い出とかありますか？　やっぱり楽しい感覚はなかったですか？

あれが楽しかったのかどうかわからないですけど、中学の三年生ですか。三年生のときに「学校行かなくていいから、代わりに寺で勉強しよう」と言われて。地元の寺のお坊さんが中学の教員免許を持っていて、そこで学校のなかのはぐれ者っていうか、道外してる人間がそっち行って一緒に勉強してたっていうのはおもしろかったです。

――中学校のときはだいぶやんちゃをやってたってことですか？

そうです。もう小学校五年くらいからやんちゃやってました。バイクの無免許はあたりまえで。で、中学三年くらいからクルマ乗り出すようになって、いつも一緒につるんでた仲間と。

――そのバイクとかクルマとかっていうのはどこから？

先輩からおさがりをもらうんです。そのときはまだガキだったんで、暴走族も入れてもらえないんで。くっついていくんですけど、入れてもらえないんで。

——なるほど。無免許運転以外にやんちゃとかってあったんですか？

あとは、中学のときはもう喧嘩ですね。他の学校に乗り込んでって喧嘩したり。誰が一番強いかってのを競っていくっていう、あれですね。喧嘩行く前は必ずみんな『ビー・バップ・ハイスクール』読んでから、なりきって。

——大谷さんがビー・バップのキャラで一番憧れてたキャラクターって？

自分は服装が加藤ヒロシの服装とほぼほぼ一緒だったんで。

——なるほど、その人に憧れてて。加藤はどういうキャラだったんですか？

わがままじゃないですかね。

——じゃあ、大谷さんもわがままキャラを？

自分はわがままではなかったですね。見た目みたいなのが加藤に憧れたけど。もともとツルんでた奴らと一緒に始めたから。もうずっと幼稚園とかそんなときからずっと一緒に遊んでた奴らとだったんで。自然とそう。まぁ、でも、いとこのお兄ちゃんの影響も大きいのかもしれないですけど。

——いとこのお兄ちゃんは何してたんですか？

暴走族です。十何歳違ってて、自分が小学校一〜二年のときにクルマに乗ってたんですよ。そのクルマがシャコタンのケンメリ（日産スカイライン）乗ってて、すっごくかっこよくて。

——なるほど。喧嘩はけっこう強かったんですか？

いや、弱いですよ。みんな弱かった。

――弱かったけど、一応立ち向かってはいって、ボコボコにされるってことですか？

いや、ボコボコにはされないです。ボコボコにしてました。

――じゃあ、強いんじゃないですか？

いや、でもやってれば勝つときもあれば負けるときもあるから、決して強いとは言えないですよ。

――なるほど、謙虚ですね。じゃあ、力が拮抗したなかで勝つ日もあれば負ける日もある？

とりあえず近場の中学は全部抑え込んだんですけど、やっぱり他の地域に出るともっと強い奴いるんで。あっちのほうが「キチガイ」が多いんで、何回か行って負けて「もうやめようぜ」って。「強すぎるわ」って。とりあえず、自分らの地域で全部舎弟にしようぜみたいな。それで、自分らの地域は治めて。じゃあ、ちょっと足伸ばしてと思ったけど、そっからもうダメでしたね。

――なるほど。地域差みたいなってどこなんですか？

土地柄なんですかね？

――そっちのほうがガラ悪いんですか？

ガラ悪いです。

――シンナー吸ってたとか、薬物やってたとか？

やってる人間もいましたけど、それはなんか一人先輩ですんごい「キチガイ」の人がいて、その下についてる奴らも本当に「キチガイ」。似たりよったりの「キチガイ」で。

――大谷さんが言う「キチガイ」っていうのはどんな人のことなんですか？

平気で人を刺す人間です。

――あー、殴るんじゃなくて、大谷さんの流派的には殴る、蹴る、素手まで?

そうです。でもアイツらはもう平気で人を刺す。自分らは武器は持たない。そこは美学ですかね。

――中学校時代は警察に捕まったりとかありました?

一回ありました、無免許で。保護観察つきました。

――初めて捕まったときってどんな気持ちでしたか?

いや、別に何とも思わなかったです。あぁそうなんだみたいな。ふつうに調書だけ巻かれてそのまますぐ帰されたんで。逮捕はされてないですから。

――そのときはおばあちゃんに怒られたりとかはあまりなかったんですか?

ないですね。何も言われなかった。

――お兄ちゃんは?

別に何にも。

――お兄ちゃんもやんちゃやったんですか?

いや、やんちゃではなかったですね。全然キャラクターが違いますね。

――保護司さんはどんな人だったか覚えてますか?

覚えてます。自分のこんなに小さいころから知っている保護司さんで。「何だオマエ、○○とこの次男坊か」って。屋号があって、屋号で通るんで。「ほうか、ほうか」って。「まぁ、のんびりやれよ」って。厳しく指導されたりとかそういうのはないです。

――知っているおじちゃんで、そういうテンションやったから、通いはしました?

通いはしました。けど、通ったからといって、やんちゃをやめようとかそういうのはないです。

——なるほど。中学校卒業後はどうされたんですか？

自分はもう高校行かないで働きました。一番最初は横浜のそば屋。うちの地元の卒業生がそこのそば屋にいて、そこで店長か何かやってたのかな。わからないですけど、一人若いのいないかっていうことで来て。二ヶ月で辞めましたけど。

——なんで辞めたんですか？

つまんないし、地元に帰りたかったんで。

——横浜は合わなかった？

なんだろう。なんだろうな。人……。なんだろう。なんか人が冷たいっていうのかな。店長さんみたいな人はやっぱ同じ地元なんで目にはかけてくれたんですけど……。

——でもちょっとピンとこなかった。その二ヶ月間は悪さみたいなのはしてなかったんですか？

しないです。

——そのあとはどうしたんですか？

地元帰ってガソリンスタンドで働いて。半年くらいですかね。喧嘩かなんかして辞めました。

——このときはもともとの地元の友だちと会ったりしてたんですか？

はい、暴走族やってました。もう自然な流れで。

——暴走族同士の抗争みたいなのがあったんですか？

ありました。もう喧嘩は通り越したかもしれないですね。刺した刺されたっていう話はしょっちゅうありましたから。

――暴走族になるとエリアはちょっと広くなるんですかね？

自分が入ったところは連合体で、静岡県東部で一番大きいところだったんです。そこが神奈川の大井松田とか秦野とかあそこら辺のチームとしょっちゅう揉めてたんで。

――中学とは全然違うスケールのデカさになって、隣の神奈川とやり合いをしてたんですね。暴走族はけっこう長く続いたんですか？

一七歳、少年院入るまでですね。

――一五歳から一七歳の二年間ぐらい暴走族。その二年間は暴走行為と喧嘩に明け暮れる生活みたいな感じなんですね。そのときは捕まらなかったんですか？

捕まらなかったですね。

――仕事は何されてたんですか？

パチンコ屋の店員とかやってました。パチ屋とかガソリンスタンドをいくつか転々としてました。

――今、一七歳で少年院入ったとおっしゃってましたけど、その少年院入るきっかけはどこにあったんですか？

暴走行為です。連合のなかの人間が何人か入れられて。鑑別所入ったときに鑑別所の先生にけっこう鑑別所のなかでも騒いでたんですよ。だから、「オマエ、見せしめで少年院に送るぞ」って言われたから、「やってみろ。この野郎」って言ってたら、本当に少年院に送られて。

――鑑別所で騒いだのは何で騒いだんですか？

つまんないから何か楽しいことないかなと思って。静岡県下でもまったく知らない浜松の方の人間とかもいるじゃないですか。そういうのと仲良くなっちゃって。

――逆に、鑑別所で交友関係が広がってしまって、結託して一緒に騒いでた。で、法務教官の人を怒らせてあの「少年院入れるぞ」っていう……。

――そのときは付添人になってくれる弁護士さんとかいたんですか？

いないです。でも、いや、親父が一応引き取って。引き取ってちゃんとやるようなことを言ってたんですけど、家裁の裁判官みたいな人も自分に「お父さん、こういうふうに言ってるけど、どう思ってる？」って言うから、「いや、別に少年院行けって言うなら行きますよ」って言って、そこでも開き直ってたんです。

――それは本心で？

いや、本心っていうか……、本心なんですかね。行ってもいいかな、くらいに思ってました。

――少年院ってどんなところのイメージあったんですか？

とりあえず運動が厳しい。そんな程度です。そんな嫌ってわけでもなかった。ただ、なかには喧嘩なんかもあるんだろうなっていう。先輩で少年院行った人間っていなかったですし。刑務所はあるんですけど、先輩で。少年院の話は聞いたことがなかった。

――お父さんとの関係はそんなになかったんですか？

関係性はそうですね。ただ、親父が自分に対して後ろめたい気持ちっていうのがあったかもしれないです。一緒に生活してなかったんで、自分のことを高校にも行かしてやれなかったからって言って。

なんか亡くなる前にそんなこと言ってましたね。自分にだけは引け目を感じてたって。

――なるほど。実際、少年院はどうでした？

とりあえず、きつかったですね。こんなところ人間が来るところじゃねぇよと思いました。鑑別所とは全然違いました。鑑別所は遊びでした。

――具体的にどんなことが一番しんどかったんですか？

運動ですね。運動がきついのと毎日集会っていうのをやるんですよ。で、一人を生贄じゃないけど、誰かが立たしてその人の悪いところをみんなで突っ込むっていう。いうならば、集団で一人をいじめてるっていう、今でいう。それが毎日あるんですよ。あれつらかったですね。言うのもつらいです。ここできついこと言ったら、オレの番のときに何言われるんだろうなっていろいろ考えますから。自分の番は確実に回ってくるから……。

――なるほど。運動っていうのはどんなことですか？

筋トレです。軍隊みたいな感じでゴリゴリにトレーニングをさせる。

――少年院で友だちができたりとかしましたか？

友だちはたくさんできました。部屋は集団部屋なんで、同じ部屋の人間とはとりあえず仲良くはなれるんです。違う部屋の人間とは運動時間とか、あぁいうのを見計らって仲良くなっていくんです。

――基本的に社交的な性格なんですか？

人見知りです。何かきっかけがあればいけるんですけど、きっかけがないと自分から話しかけられない。

――きっかけがあったんですか？

そうですね。スポーツとかそういう。日曜日にボランティアのお兄さんお姉さんが来て、バレーとかやってました。

――そういうときに仲良くなる感じですかね。法務教官の先生で頼りになるなみたいな人とかっていました？

いないです。とりあえず一人だけ殺してやろうかなって思いましたけど。○○っていう奴。今でも覚えてます。クリスマスの日かな。なんかみんな集まって外から来た人たちの変な歌とか聴いてたんですけど。そのときに自分、隣の人間とちょっとしゃべったんですよ。それでなんか懲罰ってなっちゃって。懲罰明けて帰ってきたら、部屋にいきなり入ってきて、いきなり殴る蹴るかましやがって。あの当時はまだそれがふつうだったんですけど。たったそれだけのことでここまでやるかっていうぐらい。

――少年院の懲罰って刑務所とは違うことするんですか？

扉に向かって座っているだけです。あと反省文書いて。

――少年院には何年ぐらいいたんですか？

半年です。出た後は地元にいたらまた悪いことするだろうからということで、千葉の方でパチンコ屋で働いていたんですよ。そのとき彼女がいて、彼女は自分帰ってくるのを待っていたので、一緒に千葉のパチンコ屋行こうかって言って一緒に行って。

――地元に帰ったら悪いことするからっていうのは、自分で思ったんですか？

自分も思ったとは思うんですよ。もう、少年院に入りたくないなと思っていたから。でも地元にいたら、たぶんまた暴走族に戻るだろうし。

――暴走族はもう辞めたいなっていう気持ちがあったってことですか？

暴走族だけじゃなくて、捕まるようなことしたくないなって。

――それはなんでなんですか？

帰ってきて、そのときに付き合っていた彼女が待っていたっていうのが大きかったです。

――出る日とかは迎えに来てくれたりとかしたんですか？

いや、親が教えてなかったんで。だから、会いに行った。

――なんで千葉を選んだんですか？

そのとき、兄貴が千葉のパチンコ屋にいて、「オマエ、どうせだったらオレの働いているパチンコ屋に来ればいいじゃん」って、「店長にも話はしてあるから」って。二〇歳になる前ですから、二年くらいいたと思います。そのあとは、彼女の地元に行って。ガソリンスタンドで働いて、そのときに結婚したんですよ。

――結婚したし、悪いこともやめようと思っているので、ガソリンスタンドで長く勤めるんですか？

それがそうでもないんですよ。息子が生まれて、なんて言うんだろう。オレが父親になりきれてなかったのもあるし、大人になりきれてなかったっていうのもあるんですけど、子どもにやきもち焼くようになっちゃって。そんなにやきもち焼きでもなんでもなかったんですけど。でも自分の子どもだから、自分も可愛いじゃないですか。可愛いんだけど、「この野郎」とか思う気持ちもあるわけですよ。で、なんかおかしくなっちゃって、自分自身が。で、飛び出しちゃって、そのとき働いてたスタンドのお金持って逃げちゃったんですよ。で、捕まって、そのときに協議離婚というかたちで離婚したんですけど。そこからですね、また人生が転落したのは。

——どんな判決だったんですか？

執行猶予です。それで、またとりあえず地元には戻りました。つぎは水産会社で働いて。仲卸ですね、市場の。妻子には一切関係は絶たれて。

——そのときおつれあいとか子どもに対する想いは？

そう消え去るものじゃないですよね。

——その生活は安定していくんですか？

見た目は安定してるんでしょうね。でも気持ち的にはもう全然です。仕事はしてるんですけど、普段の生活はもうめちゃくちゃでした。もう酒飲んで喧嘩するのはあたりまえとか。自分を抑え込んで真面目にやってたから。それが、タガが外れちゃったから。

——いわば我慢して家族のためにやってたのが、家族っていうタガがまさに外れて、もともと暴走とかをしてたときの自分みたいなのが戻ってきて酒飲んで暴れていたと……。そういう生活がどれくらい続くんですか？

もう長くはないですよ。そこもふつうに会社のクルマに乗ってて、そのクルマを盗んだっていうことにされて。また捕まって懲役行きましたから。

——それは冤罪ってことですか？

冤罪かな……。ふつうに仕事中に乗ってたんですよ。だから、オレも言ったんですよ。「オレは仕事中にこれを乗ってんだよ」って。でも、会社の方から「誰が乗ってってたかわからないけど、被害届は出されちゃってるから」って言われちゃって。

——刑務所のイメージって、どんなイメージだったんですか？

自分、刑務所のイメージっていうのは、あれなんですよね。すごい長い年月入ってるっていうイメージだった。だから初犯のとき二年いたんですけど、一年、二年の刑務所生活っていうのを自分のなかで想像できなかった。みんな一〇年以上入ってるようなイメージしかなかったんで。

——「懲役二年です」って判決で言われたときはどんな気持ちでした？

「そんなに短いの？」みたいな。「じゃあいいか」みたいな。「刑務所って一〇年以上入るんじゃないのか」みたいな。刑務所行くこと自体にはそんなに抵抗はなかったですね。ただ、ちょっと怖いところかもしれないなってイメージはありました。

——実際どうでした？

自分、少年刑務所だったんで、同年代ばかりだったんですけど。とりあえず、生意気な奴が多かったです。「オマエら、二〇歳にもなった大人がこんなことすんなよ」って。

——大谷さんは、そのとき何歳だったんですか？

自分二二歳だったんですかね。なのに、くだらないいじめみたいなの。自分は、いじめに加担することはなかったんですけど、逆にやってる人間いじめてました。自分はなめられないように最初からガツんっていきますもん。

――相当強かったんですね。刑務所一番しんどかったのはなんですか？

一番しんどかったのは、やっぱり毎日風呂に入れない。大人になってから毎日風呂に入れないとしんどい。あと、好きなものを食えない。好きなときに横になれないとか、そういうごくあたりまえなことができなかったのがつらかったです。

――少年刑務所で一番印象に残っていることは何ですか？

印象に残っていることは、運動会ですかね。これは楽しかったですね。そのときだけ工場がひとつにまとまるんですよ。オレは応援部隊でしたけど。

――少年刑務所でも友だちとかできたんですか？

作らなかったです、そこでは。少年院のときの友だちと会ったりしてて、それがあまり良くない方向に働いたときもあったので。だから。あと、こんなくだらないいじめやってる人間と仲良くしたってしょうがないって。まだ少年院の方がさっぱりしました。

――少年刑務所に入るときの裁判でも、お父さんが情状証人で来てくれたんですか？

来ました。刑務所には面会にも来てくれてました。

――嬉しかったですか？

嬉しいというか、少年院のときもそうだったんですけど、そこの近くの競輪場が開催していない限り来ないんですよ。「なんだ、また競輪場のついでに来たのかよ」って言って。

――逆に、来てくれる口実だったのかもしれないですよね。少年刑務所出たあとはどうなりますか？

そのときもう二四歳で。地元に帰って。オレ、そのとき仕事しなかったんですよ。保護司の先生、なんか仮釈の身だったんで、とりあえず保護司の先生と話して、「そんな焦って仕事を見つけてもろくなことないからゆっくり探して」って。とりあえず、ずっと仕事をしてなくて。で、なんだかんだ言って、仮釈の期間中が切れて満期迎えたんで、保護司の先生ともそこで切れたんですよ。で、それから東京出て。で、そのとき仲良かった東京のツレのとこ行って、そこから稼業の方に進んだんですね。

――稼業って言うのは？

ヤクザです。

――ヤクザ稼業か。なるほど。そのときの保護司は、前の保護司とはまた別の保護司？

また別の保護司です。知ってる人じゃなかった。

――相談とかはできる感じの人ではなかったんですか？

相談とかはしました。「本当に仕事してなくていいんですか？」とか。

――なるほど。そのときはおばあちゃんが住んでた実家に帰ってたんですか？

いや、親父と一緒に。

――お父さんのところに戻って、仕事はしばらくせずにいたけど、就職先がヤクザ稼業だったと。なんでそこでヤクザが出てくるんですか？

なんでですかね。それも自然の流れですかね。地元の先輩に「いつまでもあれだから、ここらで本腰入れて男の修行しろよ」と。東京出てて、ヤクザやってたんで。「男の修行ってなんだ？」とか思いながら……。

――地元から東京に引っ越していくってことですか？

そうです。とりあえず、最初下積みから始めるだけで。

――盃を交わすとかないですか？

すぐは下ろしてもらえないです。まずは運転手とか、あと、事務所の掃除とか電話番とか。あとは、しのぎとしてコピー売ってました。ヴィトンだとか、ブランド物の偽物です。

――実際に下働きしてみての感想はどうですか？

とりあえずつまらなかった。一年くらいでバックレました。

――上手に逃げたんですか？

警察に捕まりましたから、コピー販売で。で、また一年半ほど刑務所に入りました。二五歳くらいのとき。そのときもまだ少年刑務所でした。

――二回目じゃないですか。そのときはどんな感情でした？

感情も何もなかったですね。また刑務所だって。だから、たぶん何とも思ってなかったんでしょうね。でも、いじめはいっさいないですし、楽しかったです。その代わり、喧嘩ばっかりでした。だからそのぶん気持ちよかったんでしょうね。さっぱりしてるから。気に入らなきゃ殴る。そのときはもう満期で出ました。

――お父さん来てくれた？

いや、来ないです。ヤクザをやり始めた時点でもう切れました。自分のほうから連絡を取らなくなった。

――そのあとはどうなったんですか？

違う組織に行きました。

――ヤクザの組が変わった？　それはタブーではないんですか？

前にいた所は盃を下ろしてもらっていたわけではなかったので。だから文句言われる筋合いはなかった。

――新しい組も、前にそういう所で働いてたってことを知ってた？

知ってました。

――どういう経緯でつぎに行くんですか？

ウチがいたところは新宿だったんですよ。そこで知り合いができたので、その伝手ですね。そこの組長がいい人なんで。なんていうかな。とりあえず「漢《おとこ》」。こういう漢になりたいなっていう漢。「高倉健」みたいな。こういう漢になりたいなと。情に厚いし、対ヤクザには厳しいですけど、相手が堅気さんになると、どんだけバカにされても頭を下げ続ける人。かっこいい人だなと思って。そこで、もう堅気の世界には戻らないぞということで入れ墨も入れて。自分のなかの覚悟みたいなもんで。

――なるほど。そこではどんな生活をしておられたんですか？

そこでは最初はすぐ部屋住みに入らされたので。本部事務所が地方だったんですよ。だから地方に行ってそこの本部に寝泊まりして、事務所の雑用とか親分の家に行って掃除したり、犬の散歩するとか、冬は雪かきとか。

――なるほど。そこでの生活どうだったんですか？

楽しかったですね。毎日が新鮮だったんです。それまで料理もまったくしなかったんですけど、料理もしなきゃいけないんですよ。当番詰めてる人のご飯作ったりとか、あと毎月寄り合いがあったときにいろんなところから組長が来るので、その人たちのご飯も作らなきゃいけない。一年くらいいました。

——そのときは暴力団にいるから何か悪さしてたんですか？

部屋住みのときは、悪さは一切できないです。東京に戻ってからは少しの間ずっと真面目にヤクザやってたんですけど、ひょんなことから自分逮捕されて、それが新聞か何かに載ったのかわからないですけど、それが理由で処分されて。盗品等譲受で。盗ってきたものとは知らずに自分、クルマに乗ってたんですけど。組の仕事とは別だったので。

——それで捕まって組にバレて？

そうです。新聞か何かに載って。そのときにちょうど組長の代替わりがあって、すごいうるさくなった時期だったんですよ。新聞に載っただけで処分しろと言われて。そういう関係でとりあえず破門にされて。盗品等譲渡は逮捕されたけど、不起訴になったんですけど。

——そのあとどうしたんですか？

そのあと、何もしてなかったと思うんですよね。部屋も借りないであちこちプラプラした記憶が。金がなくなり始めたときに強盗致傷で捕まって。そこらに道端にいる人をナイフで脅して。懲役七年打たれて。東京にいたんですけど、西のほうの刑務所まで飛ばされて。七年行ってるあいだになかで心筋梗塞起こして。

――成人の刑務所初めてですね。少年刑務所じゃない刑務所はどうでした？

やっぱり大人が多かったですね。大人が多いですけど、揉めごとも多かったです。少年刑務所は気に入らなければすぐ殴る。だけど、大人の刑務所はとりあえず話をする。それで納得いかなければ、そのとき初めてやればいいと。そういうあれだったので、やっぱり大人は違うんだなって。自分はある程度年を重ねていたので、何でもかんでも殴って解決は良くないなと。

――七年半ってけっこう長いじゃないですか。その生活はどうでした？

別に苦にはならなかったですね。しんどかったのは、あとから入ってきて自分より先、ションベン刑で三回。「オマエ、また来たの？」って。そのときもう自分も三十いくつくらいだったので。とりあえずこれでオレの懲役生活は終わりにしようと。

――そこで決意した。じゃあ、もう暴力団に対する忠誠はなくなっていた？

そうです。もう処分もされていましたからね。

――もう一回戻りたいという気持ちは全然なかった？

なかったですけど、務めているときに自分がいたところの副組長をやっていた人から手紙が来たんですよ。「親分も引退したから、オマエの破門も解けてるから、もしヤクザをやるんであれば、好きなところに行ってもいいぞ」と言ってくれたんですけど、オレもヤクザをやるつもりもないしなって。

――じゃあ、そのときは出たら何しようと思っていたんですか？

ふつうに仕事しようと思ってましたね。で、仮釈で出て近くの保護会（更生保護施設）に引き取られて、そこで満期までいたんですよ。病院の先生と相談して、まだ仕事できるような状態じゃないから、生活保護をもらったんですよ。ちょっと生活しんどいなと思って、リハビリがてらバイトしようと思ってコンビニでちょっとバイトを始めて。そうこうしているうちに、今度ちゃんと仕事しようかということで、刑務所のなかですごい仲良くなった人がいて、その人が仕事紹介してやるよってことで、産廃の仕事を。そっちで仕事するようにしたんですよ。

――そのときって何歳ぐらいでした？

四〇超えてたと思うんですよ。で、二年は真面目に産廃の仕事をして、悪さもせず。でも、借金で首が回らなくなっちゃって。なんか付き合ってた彼女がけっこうちょっと贅沢系の子で。全部オレの金出してたから。

――その彼女はいつできたんですか？

保護会のなかで知り合いました。

――なるほど。贅沢系の人でお金遣わされるから、消費者金融みたいなところで借りて回らなくなって。

で、会社にも居づらくなって辞めて。そこからもう流浪の旅です。その彼女にもいっさい連絡をしないで自分出てきちゃったんで。で、流浪の旅しながら、どのくらいしたのかな。わかんないですけど、そのときオレはクルマに乗ってたんですよ。車検とかは切れてたんだけど、平気で乗ってて警察に捕まったんですよ。そのときにソーシャルワーカーさんと知り合ったんですよ。

――静岡のほうに戻りつつ旅をしたってことですか？

そうです。で、そのとき免許切れてるの知らなくて無免許で捕まって。まだ半年間いけるだろうって。それでなんか一悶着あったんですよね。そこで検事か何かが、ソーシャルワーカーさん紹介してくれて。このまま出ても行くところもないしってことで。結局、不起訴になって、そのソーシャルワーカーさんのところのシェルターに入って仕事探して、解体屋に行ったんですけど。でも合わないからすぐ辞めて。飛び出して、そこからまだ流浪の旅です。

——それはどっち方面に行くんですか？

東京です。金がなくなりそうだったんで、本とかあぁいうのを万引きしちゃ転売して。そうしたら捕まって。で、一年懲役行って。今度は東北のほう。

——実際行ってみてどうでした？

行ったのが最後の楽園って言われていたところで。楽でした。

——楽っていうのは、どこで差が出るんですか？

職員の……。のんびりしてたんですよ。

——七年半入ってることに比べると、一年って短いですよね。

もう余裕。たぶん弁護士じゃないかと思うんですけど、ソーシャルワーカーさんにまたつながって。そんでソーシャルワーカーさんから東京のほうの人間を紹介されて。それで出てからそっちにちょっとお世話になって、今に至ってるわけです。

——じゃあ、最初の流浪の旅の第一弾でソーシャルワーカーさんに会ったとき、ソーシャルワーカーさんの印象ってどんなでした？

正直に言っていいですか。すっごい性格がきつそう。物事をすごいはっきり言うんですよ。もう少しオブラートに包みましょうよって。

――今まで刑務所に何回か入ってたけど、出た後の生活を助けてあげましょうみたいな人に出会ったことはなかった?

そうですね。だから自分も初めてじゃないですか。だからどう返事していいのかわからないし、どういうふうに自分のこれを伝えたらいいのかもわからないし。

――実際にどう伝えたらいいかわからないなかで、関係性はどうやって作っていったんですか?

もう言いなりですね。最初は本当に言いなりですよ。とりあえず、「うちでお世話になりたいのか、なりたくないのか、どっち?」って。「あ、お世話になります」って。

――「福祉の人です。助けます」って言われても、本当にいい人かどうかわからないなかで、それを信じて「お願いします」って言おうと思ったポイントって、どこにあったんですか?

目。目が嘘ついてないなって。

――なるほど。でも、二回目に流浪の旅に出る前にソーシャルワーカーさんに「職場が合わなかったんですよね」とは言えなかったんですか?

それはやっぱ言いづらいですよ。なんて言うんだろう。これ以上迷惑かけられないっていう気持ちもあったし、だから連絡はできなかったですね。

――で、行って捕まってしまって。弁護士さんとかに「ソーシャルワーカーさんに世話になってたんだ」みたいなことは言ってたんですか?

はい。それは言ってます。それで弁護士が連絡してくれて、東京まで来て情状証人とか立ってくれたんですよ。

――ソーシャルワーカーさん来てくれたときはどうでした？

やっぱり嬉しかったですよね。

――一回目、怖い人来たなぁやけど、二回目はどうでしたか？

やっぱ人間があったかいですね。厳しいですよ。厳しいけど、やっぱ人としてあったかみがあるから。怒られはしなかったですけど、とりあえず「出たら戻るの？　それとも東京で？　東京のその人を紹介するよ」みたいな。それで、ふるさとの会の人が来てくれて。あそこの自立準備ホームとかに入ってました。期限がいっぱいまで。その間に仕事を始めたんですけど、派遣で。でも、金が貯まらなくて部屋とか借りられる状態じゃなかったんで、三ヶ月かな、東京都でやってるＴＯＫＹＯチャレンジネット。あそこでお世話になって、その三ヶ月のあいだに金を貯めて、そこから部屋を借りてっていう感じですね。

――チャレンジネットでは何をやってたんですか？

派遣。倉庫ですね。そのあいだは仕事をちょっと変わったりしてるけど、基本的な倉庫系の仕事をして、今に至っている。

――その間、ソーシャルワーカーさんとの関係はどれくらいあるんですか？

こっちから出てきて何か仕事が変わったときに、緊急連絡先が必要だからってことで頼んだりとか。あとは、「バーベキューやるからおいでよ」って言われたときも、仕事終わりでそのままその足で行ってって感じで。

――なるほど。最後出てきてからは二年半ぐらい経ったそうですけど、その二年半悪さをせずに生きてこられたっていうのは何が一番、これまでと違うところですか？

やっぱり戻りたくないなって気持ちが強いのと、なんだろう……。このふつうの生活なんですけど、今のこのふつうの生活が楽しくてしょうがないんですよね。だから正直仕事とか辞めて一時、お金がないときとかあったんですよ。今までだったらそこでなんかすごい悪いほうに考えてあれなんですけど、やっぱり刑務所に戻りたくないって気持ちも強かったんで。じゃあ、何か日払いの単発のバイトでも行って、とりあえずその場しのぎでもいいからしようかって考えてやってきたりとかしたんで。

――なんか実際危ないときありましたか？　またお金なくなったときにちょっと盗ろうかなとか？

そういうのはないですけど、そういう考えには至ってないですね。とりあえずバイトしようって。

――ソーシャルワーカーさんとかの存在って、犯罪をしないことに何か作用していることってありますか？

やっぱり出会ってなければ、たぶん自分はまだ悪いことを続けてたんだろうなっていう。出会って救いの手を差し伸べてくれたから、まだ二年半だから立ち直ってるとかそういうふうなことは言えないけど、でも、何とかもってるっていう。

――困ったことがあって自分で単発のバイトとかもして、それでもお金がなくなった。なくなることって、もしかしたらこれからあるかもしれないじゃないですか。そういうときって、どうしようみたいなプランとかありますか？

とりあえず我慢。とりあえず我慢して、とりあえずバイト入れると。

——一回目、ソーシャルワーカーさんにお世話になって「つぎは言いにくかった」ってことがあったと思うんですけど、我慢してもどうしようもなくなったとき、ソーシャルワーカーさんに言ってみようかな、みたいなのはあります？

それは今でも言えないですよ。自分との勝負ですね。

——コロナの時期とかけっこうきつかったんじゃないですか？

きついですよ。それで正直、そこで仕事が一回止まったんですよ。止まって家賃が払えなくなって、そこを出て違うところに住んで。

——「緊急連絡先になって」とかは言える？

ちょっとずつ言えるようにはなってきた。自分で何とかしたいって気持ちが強くて。働きたいとか、それは思ってるから。ずっと自分一人でやってきたから、どうしてもそこだけは意固地になっちゃうんですよね。

——今後の目標とかありますか？

とりあえずふつうに生活できればいい。それだけですね。毎日お風呂に入って、好きなときに横になってとか、ごくあたりまえの生活。その生活を守りたいから仕事をする。それだけです。

——今は、元のおつれあいとか子どもさんとは全然ですか？

全然ですね。会いたいと思わないって言ったら嘘になります。でも、息子も大きいですからね。三〇ですからね。たぶん静岡にいるとは思うんですけどね。

——でも探しに行こうとかまでは思わないですか？

思わないです。元気でやっていてくれればなみたいな。
――ありがとうございます。このふつうの生活が続くように願っています。

〔大谷ヒトシ　二〇二三年一二月二四日〕

III

犯罪行為経験者を支えるために

第5話
「加害者って何も思わないけど、被害者ってこんなに悲しんでるんだ」

生まれは東京都です。

——生まれも育ちもずっとですか？

ずっと東京ですね。大学院のときに三年間だけ埼玉の草加市っていうところに住んでましたけども。

——なるほど。何か子どものときの印象的な思い出とかありますか？

暴れん坊でしたよ。単純にすごい目立ちたがり屋だったので、すごい。クラスのなかでいうと、発言をしたりとか、スポーツができたりとかそういうザ・元気な子、わんぱくな子って感じですね。小学校三年生までは水泳とサッカーをやって、四年生からはずっと野球をやってたので。

——水泳は習い事で？　自分からですか？

いや、親が。基本的に母親かな。母親が教育ママだったので習い事をさせて、「野球をやりたい」って言ったら、「やってもいいけど、勉強ができなくなったらすぐ辞めさせるからね」みたいな親でしたよ。

――いま、お母さんが教育ママだったという話が出てきましたけど、家族構成はどんな感じなんですか？

家族構成的には父親、母親、自分、弟が一人って感じですね。四人家族。母親がたぶん自分にコンプレックスがあったのか、公務員だったんで、いい学歴の人に差別されたっていうのがあったのかもしれないんですけど、それで息子たちは勉強して、自分のような思いをさせたくないっていう思いが強すぎて、「勉強をやりなさい、やりなさい」って毎日言うような母親でしたね。ボクはそれに従って、「はい、はい」って言ってやってたタイプ。

――お父さんは？

父親は公務員じゃなくて、魚屋とかいろいろと転々とはしてるんですけど、最終的にはトラックの運送の仕事をしてましたね。小さいころの記憶だと、けっこう気性荒かったとは思いますね。

――お母さんは勉強しろというけど、お父さんはそんな勉強させるわけではないんですか？

父親は勉強できなかったので、放置プレイです、そこらへんは。たまに、「バッティングセンター行くぞ」って言って、バッティングセンター連れて行くついでにゲームセンターに連れてってくれたりしてました。でも、あれ本人がやりたかっただけなんでしょうね、いま思うと。

――弟さんはどんな感じでしたか？

弟はボク以上にやんちゃな奴だったので、「勉強しろ」って言われると「嫌だ、やらない」って言うような感じで、母親と喧嘩するような弟でした。学校でも喧嘩をするみたいな感じ。

――千葉さんも喧嘩とかよくしてたんですか？

喧嘩とかはしなかったですね。ボクのやんちゃは、まぁ、いたずらですよね。だから、呼び出されるというか、たとえば、放火ではないけど火遊びをして呼び出されるだったりとか。何か物を壊して呼び出されるだったりとか。要は人に何かっていうんじゃなくて、やらかして、こうやってちょっと来てくださいみたいな。「また、龍一くんやったのね」と。

——お調子者で、ちょっといたずらばっかりやってる悪ガキみたいな感じだったんですかね？

そうですね。だから、別に喧嘩とかはやってないです。野球やってたので、土日とかは野球行ってたので、そんなに喧嘩する暇なかったので。

——なるほど。家族仲みたいなのって、どんな感じだったんですか？

家族仲はたぶん良かったんじゃないかなと思います、当時は。小学校ぐらいまでは良かったんじゃないかな。でも、ボクが小学生のときに父親が一回たぶん莫大な、ギャンブル、たぶんパチンコか何かで借金背負って、それを払う払わないで一回離婚騒動が起こってるはずです。四〇〇万くらいかな。で、父親のお父さんが全部払ったらしいです。

——じゃあ、最終的には丸く収まったって感じですね？

そのときは……。一回目ですから。その前にもあったらしいですけど。

——それはどのタイミングで知るんですか？

何か両親が喧嘩してて、おばさんか誰かからそういうチラッと。ただ、まぁ小学生だから。そのあと仲良くなったんで、別に気にしてないですよ。

——わかんないですよね。聞いてもその状況を把握するっちゅうのがね。そのあと、中学校に行くと生活は変わっていくんですか？

中学校に行ってからも、まぁボク自身は野球やってたので、野球やりながら勉強してっていうようなꟳ。

——成績はけっこう良かったほうだったんですか？

良かったほうですね。中学校は一回、たぶんオール5に近い成績をとったことがあるはず。そこぐらいまでしかもうないんですけど。中学校のころは塾行ったりもしてたし、塾と野球とっていうので。

——中学校のときの野球は部活ですか？

リトルリーグみたいな、クラブチームですね。部活も一応やってましたけど、でも支障がないような感じの、陸上部、水泳部みたいなのをやってましたね。

——中学校のときの一大イベントとかありますか？

中学校のときは、たぶん一、二年生はまだマンションに住んでたんですけど、三年生のときに一軒家に引っ越した程度です。そのときもまだそんなに家族仲が悪いっていう感じではなかったですね。ただ、弟はずっと母親と険悪でしたけどね。あと、父親はけっこう野球見に来てくれたりとかしてたんで、そのチームの遠征とか一緒に来てくれたのは覚えてますね。

——お父さんは、やりたいことを応援してくれるっていう感じだったんですね。

そうですね。たぶん、小学生ぐらいまでは家族で必ず父親の実家の宮城に行ってたんですけど、中学生ぐらいからたしかそれがなくなったような気がするんですよね。ボクが野球忙しくなったっていうのもあるんですけど。母親が行かなくなり始めたのかな、そこらへんから。

――高校のころはどうでしたか？

高校は都立の高校入って、まぁそれも近所だったんですけど、一応進学校に入りました。高校入ってからも、もちろん野球部。野球し始めて、そこらへんから勉強あんまりしなくなり始めたのかな、ボクのほうが。野球がほんとに楽しくなっちゃって。

――中学までは野球はそんなに楽しくなかったんですか？

いや、やっぱり毎日あるから。部活だったので。だから、勉強はもういいかなみたいな。で、成績悪くて、成績表を見せたときはもうあれですよ。母親に何か言われるんですけど、いや、もうしょうがないじゃないですかみたいな。進学校行ったからみんな頭良いんすよ、みたいな。徐々にこっちも口がね、達者になってきたから。勉強してないだけなんだけど。でも、大学には必ず行きなさいって言われてたので。

――なるほど。じゃあ、野球は高校のときは甲子園めざして頑張るっていう感じ？

都立だから難しいなとは思ってましたけど、まぁ一応、そういう目標は持ってやってました。もう野球の記憶しかないぐらい。

――そのあと、結局はストレートで大学に？

いえいえ、もちろん浪人です。毎日予備校に通ってました。たぶんちょうど、ボクが浪人し始めたころに父親が単身赴任で埼玉のほうに行き始めたんですよ。そこらへんでやっぱり、今まで四人だったのが三人になるわけじゃないですか。ボクが家にあまり帰ってこないじゃないですか。そうなると弟が母親といて険悪な雰囲気になるから、それが嫌だということで家に帰ってこないじゃないですか。

そうすると今まで以上に緩衝材がないので、母親と弟は毎日何か喧嘩しているような。だから何かギスギスした感じに、そこらへんからなっていったような気がしますね。一度、弟が母親に手を上げたのかな、上げてないのかな。そんなようなこともあったはずなんですけど。父親がいなくなったあたりから、ちょっとすごく家庭内がこう……。

——たとえば、そのけっこう反抗してお母さんとかに強くあたるときに、父親がそんなことはやめなさいみたいなのとかいうのって、それまであったんですか、四人で暮らしてるときに?

いや、ないですね。母親に対して父親が何か言うことは、ほぼほぼないですね。言われるままみたいな。まぁそういうふうに母親が弟に言ってる姿も、もしかしたら父親は嫌だったのかもしれないですね。だから、自分も単身赴任したのかわからないですけどね。そういうふうにこう、何か毎日「勉強しなさい」「、勉強やりたくないのに「勉強しなさい」ってなってる。そういうのを父親は見たくなかったのかもしれませんね。

——お母さんは、ちょっとヒステリックに言ってしまうタイプってことなんですかね?

そうですね。それ見てるのけっこうしんどいですね。しかも、だいたいそれが激しくなるのが、やっぱりお酒飲んでるときなんで。帰ってきて、仕事が公務員でけっこう受付業務とかをよくやってたので。やっぱり受付やっていると、個性的な人もいっぱい来るんでしょう。今だったらよくわからないですけど。そのストレスを酒で流し込んで、息子たちが勉強してなかったから。

——じゃあ、お母さんはけっこうお酒飲まれてたんですか?

飲んでましたね、すごい。それで、父親とボクは家にあんま近づかないようになったというか。でも、何でかわかんないけど、まぁ弟は母親が好きだったでしょうね。結局家帰って、その喧嘩してギスギスしながらもずっとやっぱりいるんですけど。ボクは争いたくなかったので、家にあんま近づかないっていうか。

――千葉さんは帰らずにどう過ごしてたんですか？

予備校の自習室行って、もう夜一〇時、一一時くらいまでやって。帰ってきて寝て、起きてまた行くみたいな。やっぱり家帰るとギスギスしてるから、家にいないほうが楽だし。たぶんそれまでも野球でずっと家に帰ってなかったっていうのもあるんで、寝に帰ってるだけだったから。やっぱり家にいると、母親にこういわれるとかがあるし、それに苛立って手出しちゃっても嫌だったから、家にいないほうが気が楽だしっていうので。ボクはこうたぶん、勉強が逃げ道じゃないですけど、そういったかたちで。

――なるほど。で、勉強して、大学に。

大学に行きました。一応法学部入ったので、弁護士がモテそうだという単純な気持ちから法学部入ってるので。それで大学で勉強してて、一年生が終わった春休みに交通事故を起こして。そのときにまぁいろいろ……。だからそれまで大学生活はフラフラと、バイトしながら。

――野球はもう全然？

もう全然やってなかった。一年空いちゃうともういいかなっていう。しかも、通ってた大学の野球部がけっこう強くて、全員推薦で入ってきてるっていう話聞いたので、これは無理だなと思ったので、もう辞めようと思って。で、一年生のあいだはフラフラ過ごしてて、そのあいだに免許とりたいなと思って、免許とって。そのときに母親に、大学までクルマで行ったほうが交通費もかからないし、ガソリン代は自分で出すからっていう話をして。「定期代浮くじゃん」っていう変な説得をして、免許をとって。とってからたぶん一年後ぐらいですね。一年が終わって春休みに予定があって大学行くことになったんですが、そのときに大学の近くの別の大学に通っていた元野球部の同級生がいて。もう二年だったんですけど、じゃあ一緒に行こうって話になって。彼の家まで行って、そのまま大学に行く途中で交通事故を……。

——じゃあ、遊んでてっていうわけじゃなくて、大学に行く途中に？

そうですね。で、土曜日にだからそのサークルじゃなくて、勉強のサークルみたいなのがあったんですよ、司法試験を目指す。それにちょこちょこ顔出してた、それに行くよっていうので、ボクがその大学のサークルの勉強部に行く途中で、乗せてった友人は野球やってたので。野球部の練習に連れて行く途中ですね、交通事故起こして。そのますぐ留置されて、そこから二〇日間かな、勾留です。

——それはどんな事故なんですか？

新青梅街道を進んでて、トラックがこう入ってくるところを急ハンドルきっちゃって、それで向こう側のガードレールにキュッといってしまって、車は横転して、そのときにちょっと対向車と接触したかなんかで、そのときにもしかしたら助手席が破損したのかわかんないですけど、それで横転して。気がついて、救急車が来て運ばれてったんですけども。ほぼほぼ、即死の状態だったらしくて。でも、ボクは無傷で。たぶんもう病院に運ばれてて、その留置、警察のところに行くまでに、警察はもうその段階でたぶんダメだろうとわかってたんでしょうね。だから「もう今日は帰れないから。むしろ帰んないほうがいいから」って。そこらへんはまだ気づいてないんですけど。「彼の容態は大丈夫なんですか」って聞いても、ずっと教えてくれなくて。で、夕方ぐらいに令状持ってきて、「亡くなったので」っていう話をされて。「勾留します」と。

——なるほど。

「向こうの親御さんが絶対に許すことできないから、絶対裁判してくれ」と、かなり被害感情が強いということを検事さんから聞いて。一〇〇パーセント起訴するので、そういうことになりましたっていう話を聞きましたね。

——その親御さんは、千葉さんが自分の息子を定期的に送って行ってくれているっていうことを知ってたんですか？

知ってました。

——まぁ言うたら、完全に好意でやってたことじゃないですか。せやけど、事故したアイツが悪いみたいな？

それはそうですよ、はい。もちろんそう思うのがあたりまえだと思います。で、聞いたのは被害者感情が弱ければ、起訴じゃなかった可能性はあると言われました。

——そこでもう起訴されてしまってっていうことなんですよね。それはもう本当に弁護士についてもらって、ふつうに刑事裁判を受けるっていう流れに乗っていくわけですね。

そうですそうです。弁護士が入ったのはどこからかな……起訴されて少ししてからですね。起訴されて少ししてから、要は保釈の請求とかって話になったときに、そこで大学の先輩にあたる人なのかな、卒業生の先輩の弁護士の先生に入っていただいてっていう感じです。私選です。

――勾留されてるあいだとかは、お父さんとかお母さんとかは会いに来てくれたんですか？

来てました。交通事故だから、別にふつうに面会もさせてはくれてってていう感じでしたね。二三日間の留置所生活。拘置所に移る直前に保釈で。

――なるほど。そのときのことで、何かとくに印象に残ってるってことってありますか？

もう帰りたくないっていうか、そもそもだから、もう仲の良い親友を殺したっていう責任がありすぎたから、むしろずっと留置してくれればいいのにぐらいの気持ちではありました。

――じゃあ、もうそこでは何ていうのかな、刑務所に入れてください的な？

そうですね。そういうふうな気持ちしかなかったし、出てきてもたぶん、何か死人のように何も話してないですね。

――そのときは、ご両親とか弟さんとかっていうのは一緒に住まれてたんですか？

住んでました。

――どういう声かけをしてくれたとか、そういうのは覚えていますか？

母親は「大丈夫だから」っていう話をずっといってくれてた記憶はありますし、あとは「免許とらしちゃったのは私のせいだから、あなたのせいじゃない」みたいなかたちでずっと言ってた記憶はありますね。父親は「大丈夫」ぐらいしか言ってなかった、というよりあの感じだと、たぶんどう声をかけていいかわかんなかったっていうのが正直な感じなんじゃないかなと思いますけど。

――そこから生活は一転していくっていう感じですよね？

そうですね。そこから裁判が始まって。裁判で一番覚えてるのは、言い訳ではないんですけど、事故を起こした瞬間にちょこっとよそ見をしていたっていうのを、すごい言い訳がましく検事が書いてたんですけど、「そんなこと言ってないよ」っていうことが、こう言いましたみたいな感じになってたのがちょっとショックでしたね。それはもう鮮明に覚えてます。ただでも、そう言われたとしても、起こしたことには変わりがないからという気持ちはありましたけどね。

――情状証人みたいな感じで、お母さんとかが法廷に立ってくださったんですか?

情状証人はたしか母親だったと思います。

――そのときお母さんに対する見方とかって、何か変わったりしたんですか?

あんまり変わってないかもしれないですね。だって、自分のせいだって言われてるけど、いやオレのせいだしっていう。だから「助けてくれるのは嬉しいんだけど」っていうところはあったのかもしれないですけどね。

――なるほど。それで、判決としては?

禁錮二年、執行猶予五年です。判決を言い渡されたときは、本当に「無」でしたね。だから嬉しいとか嬉しくないとかそういうのも何もなかったですね。

――ご両親は喜んでおられた?

そうですね。両親は喜んでましたけど、ボクは、「何でオレは刑務所行かないんだ」っていう。

――そのとき家帰ってからあとの生活っていうのは、どうなっていったんですか?

もう大学には行ってたんですけど、仕方なく行ってるような感じかもしれないですね。

――休学とかはせずに、二年生から大学には行けてたんですか？

行けてました。

――まわりの大学の友だちとかは、事故起こしたとかってこととかは、あんまり知らなかったっていうことですか？

知ってたのはたぶん二、三人ですね。でも、そこらへんぐらいから人とあんまり話さなくなったので、たぶんなんか元気ないなってみんな思ってたはずです。もう勉強だけして。一応勉強どうしようかなと思ってるときに野球部の連中が事故後、釈放されたあとに全員で家に来てくれて、「オマエのやったことはオレらは絶対許せないけど、オマエのことは仲間だから、生きてて欲しい」って言われて。そこで助けられたっていう気持ちがあって、だけどオレは刑務所に行かないのかとかも思いつつ、でも生かされたってことには意味があるから、勉強するしかないのかなっていう感じで勉強してた感じですね。で、弁護士になったほうがいいのかなとかも思いつつ。そういう、何か揺れるままに二年間が過ぎたみたいな感じですね。裁判のときに私選で付いてくれた弁護士の先生の一人が事故の被害者のかたが書いた本を二冊くれたんですけど、それを読んだときに、加害者って何も思わないけど、被害者ってこんなに悲しんでるんだとかそういう気持ち、相手の気持ちがわかったときにとんでもないことをしたっていうのを余計思ったし、そういうふうに気づかせてくれたのが弁護士の先生だったから。ボク自身もそういうふうなのを気づかせたりとか、生きる意味とかを加害者の人に見つけてもらいたいなっていう思いがあって弁護士になりたいなって思ったので、そういうのもあって、なんとなく。

——じゃあ、そのときに、いわゆる〈加害者〉側の力になりたいなっていう発想が生まれてたってことですね？

そうですね、そのときに。事故起こす前はなかった発想です。人とかかわるのが好きだったから、民事事件みたいなのをやりたいなと思ってたんですよ。刑事はでも大変そうだなっていうのが、やればわかるじゃないですか。民事みたいな何ていうんですか、街のいざこざみたいな。悪いやつをやっつけるみたいな、マチ弁みたいなのをしたいなって。そういうのをやりたいなとは思ってましたけど。刑事事件をメインでガッツリやりたいとは、まったく思ってなかったです。

——なるほど。そこで事故があって〈加害者〉の力になりたいっていう思いが生まれて、勉強はずっとやってて。卒業のときが、ちょうどロースクール制度ができたてぐらいのときやったんですかね？

そうですね。三年生で一回旧試（旧司法試験）受けて。四年生でも旧試を受けて、まぁ惨敗をして。これダメだなと。それでロースクールかなということで、ロースクールを受けてっていう感じですね。自分の大学受けたんですけど、今まで弁護士とかを目指してないやつまで目指して、入っちゃうと競争率上がるじゃないですか。そうすると勉強だけじゃなくて頭の良さも入ってくるから何か落ちちゃって、やばいなぁと思って。結局、ロースクール受験も失敗した。それでも一校だけ受かったロースクールに入ったたって感じですね。

——ロースクールもけっこう金かかるじゃないですか。学費はご両親が出してくださったんですか？

母親が出してくれた感じですね、ロースクールの費用にかんしては。ロースクール通ったときはすごい喜んでくれました。

――ロースクール修了されたころはまたご実家に戻られたんですか？

戻りました。そのときは試験勉強があるからと、ボクは一人部屋、父親と弟が同じ部屋に住んで、もう一部屋に母親が住んでっていう感じの生活でしたね。だから何かすごいギスギスしてましたね。父親と母親はもちろん会話なんかしないですもんね。

――試験のプレッシャーもあって、メンタルがだんだんやられてくるんじゃないですか？

やられてきますね。コンビニ店員で夜勤をやりながら。週四ぐらいかな。夜勤して、朝寝て、昼勉強して、働いてっていう生活。弟は途中でもう家出ていったのかな、彼女と暮らすっていうので出てって、だからボクと父親と母親で暮らしてたんですけど、まぁともかく険悪だったので、そういうのが三年くらい続いて。弟はすぐボクが帰ってきてからいなくなったので、最後は本当にもう離婚するってなった。もう毎日喧嘩するようなときが、最後ボクが受験する年かな。

――環境的にはあんまり良くない状態で、その四年目というか三回目に突入することにしたと。

三回目のそんなときに、ちょうどいつだっけな、一月くらいかな……、ちょっと詳しくは覚えてないんですけど、一、二月くらいだったっけな。母親がその三回目受けるときに朝起きてこなくて、いつも仕事行くのに起きてこないからどうしたのと思って起こしに行ったら、反応がなくて。それで救急車を呼んで搬送をしたんですけど、手遅れの状態で。頭の骨が折れてたみたいで。気がつかなかった。どこで折ったか全然わからないんですよ。ヒビが入って、そこから頭に血が充満しちゃって、一晩寝ちゃったから。そのあと手術したんですけど、もう植物人間ですね、そこから。ていう状況で、ボクが三回目の司法試験を受けるっていう。結局、落ちちゃいましたけど。そっからまぁあれですね、もう無理。弁護士は無理だと。もうそのときはどうしていいかわからなかったから、たぶん自分の心を埋めるのが仕事しかないと思って、アルバイトしてたんですよね、けっこう。その当時のコンビニだけだったんですけど、それ以外にも派遣のバイトも登録してて、それがちょうど何かいい具合にツタンカーメン展っていうのが日本に来たことがあって、それのスタッフを募集してたわけですよ。三、四ヶ月、みっちり朝から晩までこう入れる。これをやろうと思って、仕事で紛らわしてた感じですね。結局、そこから年明けるぐらいまでずっとフラフラしてて。で、コンビニの店長さんから「もしかしたら他に二号店を出すかもしれないから、店長やってくれないか」って言われて。もう何もすることも、したくもなかったから、誰かに必要とされたらこれが運命かもしれないと思って、じゃ店長やりますって話になって、「ぜひ、お願いします」って話をして。で、それで店長になるかなと思って二、三ヶ月したんですけど、いくつかの事業者が入札をして、で、たまたま入札で落ちちゃったらしいんですよね。「ごめん、店長頼めなくなった」と聞いたときに、てことはこの道、オレの進む道じゃねえなと。やっぱりあの、まだ落ちてから一年は経ってないけど、フラフラしててもしょうがないし、この期間にたぶん野球部の連中もずっと何も言わずに見守ってくれたから、やっぱり人のために何かやりたいなと、そのときに改めて思ったんですよ。もう一回何か探してみようかなと思って。それで探してるときにちょうど、その人のためにやれる仕事って何かなって思ったときに、NPOとか公益社団法人とかそういうところだろうと思ってパソコンで調べてたら、たまたま「駆け込み寺」っていうところが求人をしてて。じゃあ、見に行こうかな、ちょっと話聞きに行こうと思ったのがきっかけですね。ほんとにたまたま出てきて、だからいくつか出てきたなかにパッと目に入って、いろんな悩み事相談やってるんだなって思って、自分も悩み事多かったし、正直、司法試験やってるときとかもずっとこうなってるから、あぁ死にたいなって思うこともいっぱいあったし、思い詰めることもあったので、じゃあ自分も話くらいだったら聞くことができるかもというのがあって。だからそうやって目に付いたから、いちばん最初にそこっていう感じですよね。

――じゃあ、もう本当に直感ですね。駆け込み寺行って、面接受けてということになったのかと思うんですけど、どんなこと聞かれたんですか?

面接はあんまり何も聞かれなかったですね。ちょっと見学とかして、「まぁ代表に会ってから採用決めますんで」って言われて、代表に会ったら、「えぇ顔しとるやん」って。「合格」みたいな。

――求人自体は相談員みたいなのがメイン?

求人はファンドレイジングを担当する職員を募集してたんですよ。ファンドレイジングは寄付を集めたり、団体を大きくするための大切な仕事です。

――駆け込み寺自体のそのときの事業内容っていうのは、どんなことされてたんですか?

もう相談事業ですよ、メインは。

――それは出所者のってこと?

いやいや、何でも。よろず相談。でも、もともと代表自体が出所者の支援好きなんですよ。そういう人たちのことがたぶん可愛いと思うんでしょうね。だから好きだったからずっとやりたいんだけど、動ける人がいないとやりたくないんじゃないんですか、たぶん。それで動ける人入ってきたと、指示させたら動ける人入ってきたと。で、ちょうどなんかそこで思いついたみたいですね。歌舞伎町でその「出所者が働く居酒屋やるぞ」って言い始めたんですよ。それだったらオレ、ちょっとかかわりたいって思ったんですよ。代表が、出所者が働く居酒屋やるぞっていったときに、他のスタッフみんな青い顔してたんですよ。それやりたいって、「担当やらせてください」ってボクから言ったんですよ。

——それは入ってどれぐらいのことなんですか？

四ヶ月目くらいですね。

——もう四ヶ月でそこに到達するのはなかなか早いですね。「三ヶ月で結果出せ」って言われてて、ある意味結果出せて、四ヶ月目にその仕事が来るっていう。もう右腕感ありますね。

でもやる人がいなかっただけですよ。「まず歌舞伎町中の飲食店、千葉調べて来い」って言われて。「はい」って言って、全部の歌舞伎町中の飲食店まず調べて、どこに何があってとか調べて、地図とかいろいろなの作って、全部の社長の名前調べて、はいって渡したんですよ。「千葉よ、全部アタックな」って言われて、「はい」って言って。全部に出所者の居酒屋、うちのところでこういう企画でやりませんかって全部に営業したんですよ。反応があったところに、ボクとあともう一人の人と一緒に、先輩の人と一緒に全部営業しに行って、話聞いて、一応その反応があったところが、いま駆け込み餃子でやってる企業さんですね。

——じゃあ、駆け込み餃子を完全に一から立ち上げたってわけじゃなくて、もともと飲食店やってる会社さんとコラボして？

そうです。事業提携みたいな感じです。

——すごいですね。出所者を雇用するってところにも、その会社の人はＯＫしてくれて？

そうですそうです。でも、ボクは出所者とほとんどかかわってなかったんですけど、働く場所ができそうになったときに、要は住む場所がないと結局ダメだっていう話になって、そのときに上司の人といろいろ調べて、法務省の人とつながりがあったので、「自立準備ホームやったらどうですか」っていう感じで。それで、寮やるみたいな。結局、自立準備ホームにすることになったんですけど、まぁ担当いないじゃないですか。それで、とりあえず寮長やりますすんでみたいなっていう流れです。でも、たしか登録してから二ヶ月くらいは人、来なかったんじゃないかな。二ヶ月後に来た人がいて、そこから徐々に来るようになってっていう感じですね。そのいちばん最初かな、二人目かな、に来た人が駆け込み餃子で働いたりなんかして、それでどんどん出所者の人も駆け込み餃子に入れてみたいな流れができてったんじゃないんかな。

——駆け込み餃子に行く出所者の人は、多くは自立準備ホームに入ってる人だったたっていう構図ですかね？

そうですそうです。要は代表がどんどん入れろ入れろって言うから、取材いっぱいあるからって。

——その取材が入り始めたのはどれぐらいのタイミングやったんですか？

オープンしてからずっとですね。

——自立準備ホームって、何人定員だったんですか？

最初は3LDKだったのか。三人しか入れないような感じだったんですけど、結局二段ベッドを入れて。だから六人まで入れるようにして、みたいな感じですね。そこからボクは出所者を入れて出してっていうのをやりつつですね。ちょうどマンションが二つ、3LDKがそのビルに二つあったんです。一つが自立準備ホーム、もう一つがホストの寮だったんですけど、それが立ち退いたんですね。それで借り増ししたんですよ。だから自立準備ホームの規模感でいったら、一二人まで入るようになりました。

――定員が倍になったら、保護観察所からまわしてもらえる入所者も倍になったんですか？

そうでもないです。結局マックスが八人とかだったかな。

――八人でもすごいですよね、けっこう。保護観察所に信頼されてるから、そんだけまわしてもらえたっていうことですよね。

でも、結局最後の方は本当に四、五人でまわってた気がします。だから二人、二人で入っててみたいな。

――なるほど。ちなみに、千葉さん的には、いわゆるソーシャルワーカーみたいな位置づけで入所者の人と向き合っていたんですか？

たぶん位置づけでいうと、そういう感じになるんですかね。来た人の相談に乗って、適切なアドバイスをして、こうしたほうがいいっていう感じだと思います。で、問題が起きればボクが対処するっていう。

――問題っていうのは、たとえばどんなことがありましたか？

飲んで暴れたやつもいるし、寮内で喧嘩するやつもいたしみたいな、そこらへんの問題ですよね。

――そこに起こったって連絡が来たら千葉さんが入っていって、「おい、何でこうなったんや」っていうのを仲裁していく。

そうですね。そういうのを全部、全般的に。

——その居酒屋業務の運営みたいなところって、どれぐらいかかわっていったんですか？

運営はほとんどかかわってないですね。人を入れるだけ。

——なるほどなるほど。

ただ最初のころは、半年間ホールで立ってましたんで。だから一応ある程度は知ってますけど。でも、運営には携わってないですね。ただ、そういうメディア関係だったりとか出所者のケアだったりとかっていうのは、一応全部やらせてもらってましたね。

——今までそんな仕事してたわけじゃないじゃないですか。とつぜん対人援助の仕事が降って湧いてきたというか。そこに対する戸惑いみたいなのって、なかったんですか？

戸惑いはたぶんなかったんじゃないですかね。ただ、今になって思えば、やっぱりボクは母親に、勉強ができない人はダメな子だっていうかんじでずっと育てられてきてるわけじゃないですか。ということは、自分が見る出所者も知らない存在だけど、頭が悪く見えてしまったわけですね、ボクからすると。何だこいつら、って思って。だからボクからすると、彼らをすごい下に見てたんですね。だから毎日喧嘩してました。上から押さえつけてみたいな、「こうしろ、あぁしろ」って言って、「てめえに何で言われなくちゃ」、「いやいや、オマエが何言ってんだ」みたいな。だから毎日事務所で何かみんな思ってるんですよね。毎日千葉さん喧嘩してますよね、入居者の人たちと、って。

——それはある意味、入所者の人たちが子どもで、千葉さんがお母さんみたいな感じのキャラクターが乗り移ってた？

そうかもしれないですね。こっちが正しくて、オマエらが間違ってるんだって。

――なるほど。それってたぶん、言うほうもしんどいじゃないですか。言われるほうもしんどいやろうけど、もちろん。それでもやりがいを持ってその仕事とかをできてたんですか?

それはやっぱり、そういう過去があったからじゃないですかね。言われたのが、それでもやっぱり本人たちが変わって欲しいっていうのがどっかにあったんでしょうから。

――自分もあれこれ言われながらも、立ち直っていまがあるっていう気持ちがあるから?

そうですね。そのやり方で上手くいくっていう思いみたいなのが、どっかにあったんだと。あとはこうしたらいいのにっていうのがあったりして、喧嘩してましたね。

――それがある意味、千葉さんの対人援助の「型」にはまらない支援のあり方だということですね。

最初はですけどね。

――そのやり方みたいなのは、変わったきっかけっていうのはあるんですか?

きっかけはある一人との出会いですね。毎週土曜日にいろんな人に声かけるパトロールっていう活動を五年ぐらいやってたんです。それでティッシュ配ったときに、刑務所出て困ってますっていう人を自立準備ホームで受けいれたんですよ。要は何だろ、「困ったら来てね」って言って。助けを求めてる人が来て、自立準備ホームに入って、餃子屋とかいろんなところ就労の支援とかして、要はステップアップしてもらって。結果、ボクの言うとおりにやってるから、ひとり暮らしできそうなくらい金が貯まったんですよ、彼。それで、あぁよかったなって思ってたんです。そんなとき、そのことをボクが他の入居者に勝手にしゃべったと勘違いしたんですよ。ボクは他の入居者に言ってないんですけど。そこらへんは彼が勘違いしてると思うんですけど。むしろ彼自身がこんだけお金貯まったから、もうそろそろひとり暮らしできるぞみたいな自慢したらしいんですけど。その話をボクが他の入居者から聞いて、「そうなんだね」みたいなことをしてたら、何か急に怒り始めて。千葉がオレの貯金額を全員にバラしたみたいな。「おいおいおいおいおい」っていう話になって、結局、法務省までいろんなところに電話したりして、こんな酷いスタッフがいるみたいな。それで、何を言ってんのかなみたいな。結局最後はブチ切れて、「もうこんなところ出ていってやる」って言って、ひとり暮らしの家借りてから出ていったんですけど。で、出てったそのあとも脅迫めいた、「あのスタッフ出せ」とか「謝罪させろ」とかすごい来てたんですけど、そのときに。いや、助けてくれって言われたから助けたのに何でこうなったのかなって思ったときに、やっぱりどこかで彼も劣等感もってて、そこへボクがもっと劣等感を植え付けるような支援をしてたのかなって何となく思って。だからこっちがエラくて、向こうが下みたいな感じの状況だったのかなって、そのとき初めて気づいたのかな。結局、どんだけボクがやったとしても、向こうが下って思ってたら気づかないところもあるだろうし。そんなのを初めて感じたんですよね。そのときに何か自分がこう思ってたのって違うのかなって思って、本人に気づいてもらって、そのあと怒られてもいいかなって。だから何か気づきを与えられるような感じじゃないと、「支援」とかって違うのかなとか思いつつ。あとは結局、そこらへんぐらいから彼らとかも慣れてきたんでしょうね。あんまり人としてボクが見てないのかなと、実は出所者のことを差別してるのは自分なのかなと。そこらへんから、すごい考えるようになったんですよね。

——それはその「支援」を始めてから、どれぐらい期間が経ったときなんですか？

二年とかですね。

——そこから千葉さんのやり方、「支援」の仕方っていうのは変わっていったですよね？

そうですね。だいぶ変わったとは思いますね。まぁでも、恨まれる人はいっぱいいるかもしれないですけど。

——「気づき」を与えるって、さっきおっしゃいましたけど。

基本は、同じような目線で支援をするっていうのは心がけるようにはしてますね。だから別に上から何か言うとかはないですし、本当に怒ったところで、結局萎縮するだけだろうし。そうですね、だからわからないことを手助けしてあげてるおじさんぐらいの感覚ですよね。

——その気づきがある前の二年間っていうのは、千葉さんがある意味でいろいろ決めて、こうやったほうがオマエのためになるんやでっていうことを、支援としてはされてたってことなんですよね。

そうですね。基本はだからやってもらって、できなかったら、できないってことがわかったうえでやってあげようっていう感じですね。じゃないと気がつかないから。できないことに気がつかないんで。

——待つ時間って、支援者目線で考えるとけっこうもどかしい時間ではあるんじゃないですか？

最初のころはすごくもどかしかったですよ。時間かかるし。だからそこらへんが、待ってやらなくても気がつくタイプと、待っててやって、それでさらに教えても気がつかない人もいる。そこらへんもわかるようになってきたので。最初からキミにいくら言ってもわからないから、ここまでオレがやるからって言う人もいるし、わかる人にはわかるまで待つようにしてます。

——まさに個別のケースワークができる能力っていうのが、OJTのなかで培われていったと。でも、出所者居酒屋で働ける人のイメージでいくと、何となくその働き盛りっていうか、二〇代、三〇代、四〇代、五〇代ぐらいまでの単身男性みたいなイメージがあるんですけど、だいたいそんな感じですか？

最初のころはちょっと精神的にしんどい人もいましたよ。でも最後のほうは、基本はもう大丈夫って思えるような。

——何となくそれって、観察所とのやりとりのなかでお互いの共通認識みたいにはなってくるんですか？　何となく、こういう人を千葉さんのところにお願いしようみたいなのっていうのは、依頼がある時点で？

いやもう基本、満期出所の人が来るから。こういう人がっていうのは、他の施設では断られる、他の施設では無理かなって思うような人が来ます。

——支援は千葉さん一人でやってたんですか？

ボクともう一人が、一応だいたい二人でやってるような感じです。別のもう一人は長年駆け込み寺にいる人だったので、一〇年ぐらいいた人なのかな。だからもうその人は、ボク以上に出所対応してる人なので、ボクがいないときはその人にやってもらってるって感じでした。

——もう一人の人も、別にソーシャルワーカーっていうわけではなく？

ないけど、もう駆け込み寺に一〇年いる人なので、もちろん相談員としてずっとやってるので、相談も毎日何十本も受けてるし、直接来る人も受けてるので、たぶんソーシャルワークはふつうにできていたのかと。

――インフォーマルな社会資源の力ですね。ソーシャルワークって何なんだろうっていう。

あとはだから、相談員も実はボクやってたんですけど、駆け込み寺のときに。いろんな相談受けて、その最初の頃なんかは当然、聞いてたらイラつくから、じゃあそれやればいいじゃんみたいな。短気なので思っちゃうじゃないですか。それもよくないなっていうのもあって、まぁ最初にちょっと研修みたいなのをしてもらって、長い雑学やったんだけど、その研修のなかでいちばんよかったのが相手の話を一〇分間、とりあえず聞くっていうのをやったんです。それやったときに、オレって人の話全然聞いてねえなって思ったので、そこから聞いてって。あと、本当にボク相談数が全然足りてなかったのはわかってたので。営業に出たらいないし、いるときにひょいと受けた相談が、死にたいっていう相談だったりするわけじゃないですか。これもうあかんなと思って。そのとき一応相談を受けたスタッフが相談内容と対応を日報に書くんですよ。それを、たぶん過去一〇年分の日報を全部読んで、こういうふうにみんな解決してるんだとかっていうのがわかったんです。

――日報っていうのは、ある種のケース記録みたいなものという理解でいいですか？

そうです。そういったものを読ませてもらって、みんなこんなふうにやってるんだなって学んで、そういう相談スキルっていうのを学んだかもしれないですね。

――駆け込み寺では、結局何年働いたんですか？

五年ですね。丸五年いたと思いますね。そのあといろいろな事情で、駆け込み寺の自立準備ホームの事業を閉鎖することになってしまったんですよね。駆け込み寺の相談事業は今も続いています。でも一番やりたかったこと、途中からもう何か、途中からだから最初は天職だとは思ってなかったけど、あぁこれ、オレがやりたかったことだったんだって。やりたかったことをやれてるし、楽しいって思い始めてたときにやめますってなっちゃうと、子どもがいきなりオモチャを取り上げられたみたいな、そういう感じだったので。あぁと思って。もうだからやめますってなったら、そのやり方を知ってるのがボクとその事務のスタッフとかそこらへんの人しかいなくて、もったいないなと思ってるときに、たまたま空き物件を譲ってもらうってことができて。それで、そこを開放して自立準備ホームをやろうと決めたんです。

――独立していま何年目ぐらいですか？

いま三年、もうそろそろ丸四年になるのかな。

――独立していちばん苦労したことって？

それはもうお金ですよね。たぶんボクが頭悪かったんでしょうね。まぁお金なんて余裕で回るでしょみたいな。実際は余裕じゃなかったんですけどね。お金がやっぱ、いちばん最初は大変でしたね。だって建物の改装とかいろんなものがいっぱいあったし、住めるようにしないといけないので。たぶん改装費で一〇〇万ぐらいかかったんじゃないですかね。そういうのも全部持ち出しですし。まぁ、最初に法務省に話をしに行ったときに、「駆け込み寺やめるって聞きましたよ」みたいな。「実はボク自分の物件でやりたいと思ってるんですよ」って言ったら、何か向こうは若干引いてるんですけど。「じゃ、準備ができたら来てください」って。で、ちょうどそれが三月だったんですよ。三月にやめるって決まったので、三月ぐらいに行ったんですね。それでちょうど六月ぐらいかな、「準備できました」と。そしたら、「準備できましたってどういうことですか?」みたいな。「いや、自分でやるって言いましたよね」。「いや、聞いたけど」みたいな。「本当にやるの?」みたいな。「本当にやるんですか?」みたいな。「いや、やるって言いましたよね」みたいな。最後まで信じてくれなかったですけどね。保護観察所の統括の人がたまたま知り合いで、その人がいい人で、やるっていうならじゃあ見に行くよって来てくれて、実際に見て「本当にやるつもりなんだね」みたいな。

——独立とあわせて会社設立ですか?

それは違います。二〇一八年の三月に駆け込み寺の自立準備ホームが終わったんですけど、その年の一月かな……一月ぐらいにもう三月に閉めるって、二ヶ月前ぐらいにそういう話になってたんですよ。だから二月、たしか二月に会社を設立してます。要は自立準備ホームをどうやるのって自分でちょこっと調べてて、団体がなきゃいけないって話だったので、じゃあとりあえず会社だけ作っておこうって。で、何でその二月にしたかっていうのにも理由があって、二月の二二日が、ボクが事故を起こした日なんですよ。その日に設立をしたかったんですよ、設立日を。

——会社のつくり方みたいなのは調べてたんですか?

いや。司法書士の先生に「会社つくりたいんですけど」って言って、お金積んで作ってもらいました。勉強してたのにそういうのは調べずに、お金で解決しております(笑)

——「金で済む話だろう」って話ですね(笑) その駆け込み寺がやってたほうの自立準備ホームの人が残ってて、千葉さんのところで引き受けたみたいなのは?

しないです。二〇一八年の一月かな、そのぐらいに全員出しちゃいました。

——なるほど。じゃあ、まったく新しいところから始めて。

そうです。

——始めてからお金のほかに苦労したことはありますか？

やっぱり知らなかったことが多かったですね。やっぱり苦労したことは、実をいうとボクが気づいてないこと、新しい寮では泊り込むことも増えたんですけど、たぶん発達障害とか知的なレベルが低い人がめちゃくちゃいっぱいいるんだなって。泊まり込んでみてはじめて気づいたんですよ。働けても、働けるから一般の人と同じだと思ったら、違うっていうのも住んでみたらすごいわかったんですよね。要は「これやっといてくださいね」とか「こうしといてくださいね」っていうのができない人がやたら多かったんですよね。何でかな、みたいな。でもこれって、たぶんその勉強とかのそういうレベルじゃねえなっていうところもあって。たぶん知的の話も入ってきてるんじゃないかなって思ってて、発達障害とか、そういうところがちょっとやっぱりどうするのかっていうのが苦労しました。だから、施設内にいっぱい注意書きのテプラが貼ってありますもん。何度も見たら、これしちゃダメなんだとか注意しやすいとか。そういうところがやっぱり、泊まり込んで一緒に行動してみないとわかんなかったところですね。あとは家庭環境がやっぱりそれぞれ違うので、そこらへんのすり合わせっていうのが、やっぱりすごいちゃんとした家庭に住んでた人とそうじゃない人の差ってすごいあるんですよ。だからそこらへんのすり合わせとか怒りの矛先をどうするっていうのはすごい難しいなって。

——たとえば、ちゃんとした家庭環境で育ってない人っていうのはどういう問題が現れるんですか？

まず気にしない、他人を。たとえば朝めちゃくちゃ早く起きて、ガンガンドアやったりとかしたら絶対迷惑なのわかるじゃないですか。それがわかんないんですよ、言わないと。いやいやいやとか。あとは早朝とか深夜に洗濯機まわしたら迷惑だよねっていうのが、わからないとか。

——そういう些細な、「ふつう」ならわかるよね、という。

些細。そうそう、これふつうならわかるよねっていうことがふつうじゃなかったりするんですね。これたぶん教えてくれる人がいなかったとか、そういうのはすごいたぶんよくわかるというか。あとはお米炊けない人もけっこういます。「どうやって炊いたらいいんですか」って。いやいやいや。いやいやいや、いやいやいやいや、いやいやいや。これだけだよって。いや、そんなレベルの人がいっぱいいたから、これってやったことないんだと思って。そういうところに気づけた。やっぱ家庭環境って大きいんだなって。これをやったことないってことは、それなりにたとえば、もう親がご飯あげないとか勝手にカップラーメン食べなさいとか、ネグレクトに近い状態で育った子がめちゃくちゃいっぱいいるんだなってことがすごいわかりました。

——駆け込み寺時代の自立準備ホームっていうのは、朝通勤で千葉さんが来て、日中というかときには夜までいて、家に戻るっていうサイクルが続いていくんですね。そのへんの夜間というか、自分が帰ってから次の日出勤するまでのイメージっていうのは何かありました?

想像はしてましたけど、泊まりこんでみたら想像と違いましたね。だから駆け込み寺のときもカメラがあって、リビングで見たこともあるんですけど、まぁ楽しく話してるやつもいるし、部屋こもってるやつもいるしみたいな、その程度なのかなと思っていたら全然違った感じですね。もっとドロドロしたって感じですね。

――そのドロドロを経験しても、この仕事を続けていきたいっていう感覚は今もあるんですか？

ありますよ、もちろん。

――今までしんどかったことって聞かせていただきましたけど、そのやりがいというか楽しさっていうのはどこにあるんですか？

楽しさ……。でもまぁ本人たちができないことがちょこっとずつできるようになったりとか、まぁふつうじゃなかったのがふつうにちょっとずつ暮らせるようになったりとか、そういう何ていうんですか、ふつうになりつつある。要は社会に戻っていくじゃないですけど、そういう瞬間を見れてるのが好きなんじゃないですかね。だからたぶん自分が思う、こうなったらまぁ何かふつうに、それこそ先一〇年暮らしていく、そういう人が見えるっていうか、それが何か自分のなかではやりがいを感じてるんじゃないですかね。ひとつ成長だったりとかっていう。まぁ成長しないやつもいるんですけど。成長しないのに何か文句だけ言うとか、今だにＬＩＮＥで文句言ってくる人もいるし、いろいろありますけど、それでもなかにはそういうふうな成長を見せてくれる人だったりとか、あとは三人ぐらいかな、うちに寄付してくれてる、卒業生で。そういうのはすごい嬉しいですよね。駆け込み寺のときの卒業生の一人は寄付じゃないんですけど、毎年お歳暮、欠かさず。もう緊急連絡先になってるだけなんですよ。毎年送ってくれる人がいて、やっぱそういう、何て言うんですか、ご恩を忘れない人が一人でもいたりとか、たまに「飯行きましょうよ」とか言ってくれる人がいるのが、たぶんやりがいになってるんじゃないですかね。

――なるほど。じゃあ、今の千葉さんを支えてるのはそういうこれまでの卒業生の成長した姿みたいな?

そうですね。たぶんそういう、まぁ成長というよりは、本当にふつうに暮らしてるっていうところが見えるというところが。大きく成長してなくてもいいんですよ、別に。大きく成長したら助けてっていうだけなんで。でも、何かその日常でふつうに暮らしててっていう。

――なるほど。じゃあ、今後どうなっていきたいとかってありますか?

それこそ何度も捕まってるやつも、もちろんいます。でもまぁ、できる限り何度でも助けられるなら助けて、最終的にはもう捕まらない人生を送らせてあげたいなという部分と、自分のなかでたとえば今回も、いま施設としては四施設あって、一つの施設に入ってた人がちょっといざこざがあって出ちゃうって話になっちゃったんですけど、やっぱり共同生活だとそうなっちゃうので、最終的にはそういった人が住めるようなアパート経営とかもしたいし、あとはこういった事業に携われるような後輩もつくりたいし。だから出てきた人にそういうのをやってもらったりとか、みんながその犯罪をしないようなかたちで生きていけるような土台を作りたいなと思っております。そのためには、まずはアパートを経営すればいいってだけなんですけどね。金があればいいってだけなんですけどね。だからそこまでボクがほら、そういう部分でいうと駆け込み寺の元代表はたぶんそのビジネスのスキルがすごい高いんですね。経営者としての能力が高いと。だからそこらへんはすごい尊敬する部分です。で、ボクはそこらへんがだから上手くないのかなっていうのはあるんですけど。ただ、人を見てくっていう部分でいうと、ボクがたぶん得意なほうだとは思うので。何でかっていうと、たぶんね、母親そのあと亡くなっちゃってて、で、父親も亡くなってるんですけど、順風満帆な家庭を知り、離婚騒動だったりギャンブルに依存するような父親がいるような家庭も知ってるし、自分も事故を起こしてるし、まぁいろいろ波瀾万丈があったからいろんな人を見れる、自分も経験してるから。いろんな人の気持ちは全部はわからないんですけど、大変だったけどこれからどうするかっていうことはすごくできるから、そういう部分でいうと、何かこう彼らの役にも立てるんじゃないのかなっていうのは自信としてはあるんですよね。意外とこう、大学院まで出てるって言ったらびっくりされるんですけど。

——なるほど。じゃあそこに向けて、あとはビジネススキルを身につけないとなってところですよね。

そうですね、そこだけなんですね。

〔千葉龍一　二〇二二年二月一〇日〕

第6話
「悩み事がなくなっていくことっていいことじゃないですか。刑事司法の問題って、やっぱりすごい悩み事でしょ」

生まれは福井県福井市です。

——福井には、何歳ぐらいまでいらっしゃったんですか?

大学に入るので、こっちへ出て来たんです。東京ですけど千葉に来て、それでそのままずっともうこっちっていう感じですね。

——あっそうなんですね。じゃあ、高校時代までは福井で過ごされたと。

そうです、うん。

——どんな子ども時代を過ごされたんですか?

えっとね、子どものころはね、そんなパッとしない子だったんですよ。ただ、いま思えば、父親がけっこうお祭り男なわけじゃないけれど、もう世話焼きさんみたいな。お家で商売してて、それで何ほら、ラジオ体操のハンコを押す係。あぁいうのをけっこうやってたので、もともと父親もそういうのが好きだったっていう感じはあるんだと思います。

――なるほどなるほど。パッとしないっていうのは、おとなしかったということですか？成績もそんなないいわけじゃないし、あのまぁ、おとなしいわけでもないけれども、光ってるわけでもないふつうの子。何がふつうなのか、よくわかんないけど。

――なるほど。よく言うまぁ、平凡な。

そうそうそう。

――習い事したりだとか、部活したりだとかっていうのはあったんですか？

習い事はね、そんなにあれじゃないんですけど、二つ思い出があって。一つは、あの中学、あの算数とかあんまりその、お勉強とかあんまり好きじゃなかったのが、えっと母親が見かねて、自分の知っている教師の人のところに、中学になってから数学を習いに行かされたんですよ。で、それまでは塾とかすごく嫌で。あ、そうそう覚えてるのは、そろばん塾に行かされてて。で、それが嫌で、その月謝をくすねてた。で、行かなかった。ていうのは、すごくあの覚えてる。覚えてるっていうか、あれはけっこうね、自分のなかのポイントとしてあって、今いろんな子どもたちのことやったりするじゃないですか。やるよね。嫌だもんねとかね、親、騙すよね、みたいなことはね、やっぱあの経験から思ってますね。

――行ってなくても、それは親にはバレなかったんですか？

バレてたんですよ、たぶんね。だから、「来てないですよ」って、連絡があったんだと思うんですよ。でも、ありがたいことに親には叱られなかった。で、行かなくてもよくなった。そういう親だったですね。

――そこまでするぐらい嫌やったんやなってことも、気づいてくれた？

そうなんだと思います。そういうことがありましたね。で、そろばんはそれで終わったんだけど、やっぱりあの算数の問題のことがあって。で、知ってる先生のところに二、三人で勉強教わりに行って、そのときからけっこう数学が好きになったんですよ、うん、そう。で、数学が好きになったことっていうのが、大学受験にも役立って。ただ、数学とかでも理数系じゃないですよ。大学は教育学部なんですけども、そういうのがあったっていうのはですね、すごく覚えてます。

――じゃあ、その個別塾みたいなところが、小林さんにあってたってことなんですね。

あってたということ。全員いっしょに教わるとついて行けないところも出てくるけど、個別対応だから、わかんないところもちゃんと先生に聞けるのがよかったんでしょうね。そう、それがあったのと、あともう一つなんだっけな……あ、バスケットを中学に入ってやり始めて。バスケットボール部になんでか知らないけど入ったんですよ。そんなすごく優秀な選手じゃなかったんだけど、バスケは走るじゃないですか、ともかく。そこから走るのが早くなったんですよ。ほら、持久力とかつくようになるじゃないですか。そこからマラソンとかがけっこう好きになったんで。だから数学と、それから走るのと、この二つにちょっと自信がついたみたいなのはあるかもしれないですね。

――なるほど。じゃあ、塾とその部活で、平凡だった小学校生活に比べてけっこう輝いていたということか。

かなっていう気はします。それもすごくずば抜けてたわけじゃないんですよ。ずば抜けてたわけじゃないけれども、ちょっとした自信。すごい自信じゃなくて、個人レベルでの自信っていうのはついたかもしれない。

――子どものころって、そういうの大事ですもんね。

うん。そう思いますね。

――なるほどね。ご兄弟とかはいらっしゃらないんですか?

弟がいる。

――弟さんとは仲がいいんですか?

そうですね。けっこう仲はいいですね、うん。弟は、子どものときにちょっとおっきな火傷をして、右肩のところにおっきな火傷の跡があって。昔なので、なんかストーブにヤカンかけてて。で、なんかの拍子にバーンとひっくり返したみたいな感じなんですね。母親はそれをずっと治してあげたいって思い続けていた。けっこう歳とってからも、ずっと言ってたので。だけど、アザがあるから、ケロイドがあるからといって、とくに気にする様子もなく。本人的にはね、何かあるのかもしれないですけども、ふつうに何事もなく育ってますね。

――親からしたら心配ですよね。

それとね、もう一つ全然違うんですけど、あのよく似た話で、小学校の同級生の子に、わりとそこそこ身体も大きいちゃんとした男の子がてんかん発作を起こしたみたいなんですよ。で、それをウチの親が言ったんだけれども、「まぁかわいそうにね」みたいに。てんかんに対する偏見とか何とかって言うんじゃなくって、ポロっと口にしたのを私はすごく覚えてて。で、てんかんは遺伝だとか何とかって言うんじゃなくって、「なんとかすれば治るからね」みたいな話をしてたのもすごく覚えてるんですよ。

――なるほど。

うん。だから偏見がない。そういうてんかんに対する偏見がないみたいな。

――一般的には偏見みたいなものがあって、てんかんにだけ偏見がないってことですか？

全体的に偏見がない人だったんだと思います。それは感じますね。

――なるほどなるほど。高校時代はどうでしたか？

高校はね、志望校に行けなくて。県で一番とかじゃなくて、二番手、三番手ぐらい。だから滑り止めみたいなところに入ってるんですけれども。そこでもまぁ、基本は数学が得意で、だから大学受験考えるときも、それがあったんで、まぁ良かったのかなっていう感じはします。高校では理科も好きだった。

――高校でもバスケットをやってたんですか？

高校ではね、バスケットはやってたけれども、あんまり熱心じゃなかったですね。わりと受験コースを選んだんで、あんまりはやってなかったですね。

――高校は私立に行って、もう早いうちから大学受験ていうのを見据えて。

そうですね。だけど、中学のときには大学を受験するなんていう発想はほとんどなかったんですよ。時代的にもそういう世の中で。でも、高校に入ったら、みんなわりと受験をめざす人たちのところにいたんで。だから、中学で一緒だった子は受験しないで、銀行とか入ってるので。大学に入って、ほんとにそこらへんからずっと人生が変わっていく。

――なるほど。じゃあ、まあ高校では、大学行くための勉強っていうのが一番の思い出になっていくんですか？

うん、そんなに大した思い出じゃないけどね、あんなもの。

――それで千葉大に行くと。でも、福井に住まれてて千葉大を選ぶというのも珍しいんじゃないですか？

あのほら、受験をけっこう勧める高校だったたっていうことと、あと先輩かなんかで千葉大を受けてた人がいるんですよ。それで大学のランクみたいなところから、こういう子が向くとか向かないとか、高校が勧めたんですね。私の成績に合ってたんじゃないですか。千葉大ってね、あのころは五教科で。それで私、英語が苦手だったんですよ。それに英語がね、めっちゃ難しいんですよ千葉大って。でも、数学がけっこういけたんですよ。英語は難しいから、みんな点数がそんなに高くなかったんだと思うんです。それでまぁ、特別支援学校の教員養成課程だから、そんなにびっくりするほどみんな優秀な人たちが来るわけじゃない。こう言ったら、言い方悪いけど。それでたぶん数学、生物でとれたんだと思います。英語はちょっとぐらい低くっても、どうにかなったんだと思う。

――特別支援学校のコースを選択したのには理由があったんですか？

えっとね、弟のやけどのイメージがあったからかどうかわかんないんですけど、ご近所にすっごい重い障害の人がいたんですよ。ほんとに寝たきりの、いまで言う最重度なんだと思うんですけども。そのおぼろげな記憶がすごくあって。で、障害とか社会福祉の分野をなんとなく選んだんです。その人とすごい親しかったわけでも何もないんですけど、なんか選んでそっちに来ましたね。興味みたいなもんでしょうね、かかわると言っても。あと、中学校にはいわゆる障害児学級はありましたから。で、その障害者学級の人でも、いまで言えば軽度の子で、原学級みたいなところにたまにやってくる子たちがいたので。その人たちとも自然に付き合って。IQが七〇とか、ほんの少し低いくらいの人たちと、ふつうな人間関係があったんで。そういうことも進路の動機になったかもしれないですね。

——ほんとにもう、友だちとして接することができる環境が整ってたってことなんですね。

あと社会福祉。私立では社会福祉学科を受験してるんですよ。で、結局合格したのが千葉大だから、それは千葉大行くわなみたいな。受験した大学のなかで、いちばん気に入ったみたいな感じで。

——なるほどなるほど。でも、福井から千葉に出るって、けっこう決心がいったんじゃないですか?

私的にはね、何もわからないで来てるんですね。親のほうは、けっこう決心がいったでしょうね。隣の家のおばちゃんの妹さんだかなんだかが千葉にいて、その家が千葉大のそばだったんで、最初はそこに住まわせてもらって。だけど、早々に親離れっていうのはできてたのかもしれないですね。そんなお母さんが恋しいみたいには思わない、っていうのはありましたね。

——すごいですね。そんな自分の親戚でもない、隣の人の親戚のところに行くって。

いま思えばね。そうだったんですよ。でも、嫌がらずに行きましたよ。

——知り合いの親戚の家に住まわせてもらうというのは一般的だったんですか?

いや、わかんない。でも、おばさん家にしばらく居て、一年生の途中から下宿屋さんみたいなところに移りました。

——それはなんか理由があったんですか?

そう長いこと居れなかったんでしょうね。そこにしばらく居させてもらいながら、下宿先かなんかを探すっていうかたちになって。で、ちょうど同じ学科の友だちと一緒にそこへ移りましたね。

――養護学校の先生になるコースだったら、いろんな教育プログラムがあったと思うんですけど、その千葉大での学びみたいなのは？

千葉大っていうのは知的障害児教育のわりとメッカみたいなとこだったんですよ、あのころ。小出進先生っていう方がいらして。小出先生は全国特殊教育研究連盟（現：全日本特別支援教育研究学会）の会長さんとかもされていて、ともかく千葉県の知的障害児教育の中心人物だったんですよ。でも、そんなことをはじめから知って行ったわけじゃないので、たまたま。で、千葉の手をつなぐ育成会にボランティアとして参加するとか、そういう活動がけっこうあったんですね。

――そちらがけっこう小林さんにとっては楽しかったというか、肌に合った？

うん、楽しかった。そのころはまだよくわかんないことが多かったけれども、いま思えば、運動的なことをやるのが自分の肌に合ったんでしょうね。一年生のときから、そこの人たちと一緒にあっちこっち見に行ったりしてましたね。で、そのころ松友（了）さんと知り合ったんですよ。

――じゃあ、大学時代に出会ってるんですか？

そう。一年生から二年生になる春休みに知り合ってるんですよ。それってのも、またすごくおかしくて。同じ養護学校教員養成課程のところに、東北大学工学部に行ってて途中でやめて、障害児教育やるっていって入ってきた人がいたんですよ、同じ学年に。その友だちは練馬に住んでたんですけど、大学のある千葉へ練馬からずっと通ってたんですね。で、練馬のお家のそばに練馬保母学があって、その友だちがそこの学園祭に行ったときに、障害者関係のサークルに顔を出したところ、そこに松友さんの、いま長崎にいる障害のある息子さんの保育園の送り迎えをしてるお姉さんがいたんです。友だちはそのお姉さんから、「岳ちゃんの保育を守る会」っていうのを松友さんが作ってて、そこの機関誌っていうか、報告書を買ったんですが、それを大学に持ってきたんです。そのころちょうど松友さんが、松友さんってね、すごい変な人で、妻子を置いてパリに行ってて。で、パリからちょうど帰ってきたとき、「小児てんかんの子どもを持つ親の会」が潰れそうだっていうんで、その事務局をやることになったんです。そのとき、親の会をやるにあたってボランティア学習講座を開くことになり、若い兄ちゃん、姉ちゃんの参加を募る案内を出したんですが、そこへ私も含めて大学の友だち二、三人が行って、そこで松友さんを知ったんです。流れとしてはそんなところです。

――じゃあ、もう出会ったころには、松友さんはお父さん?

そう。松友さんたちって、ちょうど私とかよりも一〇年ぐらい上で、それこそ学生運動世代なんです。奥さんと松友さんは学生結婚。生まれた子が生後四ヶ月からのウエスト症候群で、知的障害もあったんです。そんな事情で、昔の運動経験から、学生ボランティア集めて「ちょっと運動やるぞ」みたいな雰囲気があった。そこに私もハマっちゃったみたい。

――学生運動ど真ん中世代だったんですね、松友さん。

うん。で、私のほうはもう、それが下火になった世代。

――でも、学生運動には間に合ってるってことですか?

えっとね、学内で立て看を目にしたぐらいのもんでしかないんですよ。だから私は、学生運動をやりたいとかやりたくないとかっていう時代には全然引っかからない子だったんだけれども。

――なるほど、なるほど。

だけど、さっき話した東北大学辞めて来た人ね、その人なんかは私よりも二つか三つ上で、いま六七とか六八歳とかですよ。彼は立て看に書くあの独特の文字が書けるんで、私も習いましたよ。だから私もね、てんかん協会でやるバザーの看板とかは書けますよ。

――活かせたんですね！

そういうところに活かせたんですよ。笑っちゃいますね。

――なるほどね。じゃあ、大学二年生ぐらいのときに松友さんと出会って、障害のある子どもの教育っていうのを広げていく運動みたいなのを始めたと。

千葉大では障害児教育は勉強してたけど、松友さんが小児てんかんの子どもを持つ親の会の事務局をやるってことになったんで、その事務局の手伝いをやったんです。名簿の整理だの、機関誌づくりだの、会費のチェックだのをやって。あと、小児てんかんの子どもを持つ親の会がやる親子キャンプとかに参加してましたね。

――それって、言葉を選ばずに言えば、「めんどくさい」ことでもあるじゃないですか。学生にとってたぶん儲かる話でもないし。でも、それを一生懸命手伝っていこうみたいなところのモチベーションはどこにあったと思いますか？

それがね、たぶん学生運動なんだと思う。松友さんたちの世代と私たちとは約一〇年ぐらい開きがあって、その間には五年の谷間があって。たぶん五年の谷間の世代の人は、ガーンとあの暗いんですよ。松友さん世代は学生運動で盛り上がったんですけど、私たちのころはその流れがみんなボランティア活動に来たんですよ。障害児のボランティア活動にガーっと来て、それで私たちの世代とかそのちょいあとぐらいが、いまの「きょうされん」の前身、「共同作業所全国連絡会」の運動でボランティア活動を始めた。だから結局、学生運動の余韻が障害者運動のところに来たっていう感じ。

――あぁ、なるほど。じゃあ、いまでこそボランティアだけども、そのときはボランティアっていうよりかは、やっぱり「運動」をしてるっていう感覚だったんですか？

うん。いま思えばやっぱりそうなんですよね。ボランティアって言ってましたけれど。松友さんたちの学生運動のときにはボランティアなんて言葉は使わなかったでしょうけども。神戸のあの地震のときが「ボランティア元年」とかって言われましたけど、私たちのころからもうボランティアってことばはあったんです。

――なるほどね。そこで「運動」みたいなところにのめり込んでいくってことなんですね。

そうなんです。で、たまたまなんですけどそのときに、「小児てんかんの子どもを持つ親の会」っていうのと、「てんかん患者を守る会」っていう二つの団体が合併して、「日本てんかん協会」になったんですよ。それが一九七六年。「てんかん患者を守る会」っていうのは成人したてんかん患者の会なんですよ。いま小平市にある国立精神・神経医療研究センター、あれが昔、武蔵療養所って言ってたんですけども。で、小児てんかんの子どもを持つ親の会は、東京女子医大だ。あそこはね、小児神経のメッカ。で、てんかん患者を守る会のほうは精神科なんですよ。この二つを合併して全体を網羅しようっていうことになった。それから一九八一年が「国際障害者年」だったこともあり、時代がもう障害者問題のほうへガーっとシフトしてる時代に、たまたまいたんです。だからなんかノリですよね。いまの時代でいえば、国際協力とかホームレス支援みたいなもの。

——なるほどね。

そういうなんか、時代ごとに人気の山っていうのがありますよね。

——大学を卒業してからは就職をするんですか？

養護学校での教育実習のときはそれほどでもなかったんですけど、小学校の教育実習のときに、私は教師には向かないなって思ったんです。同時に、てんかん協会のあぁいう運動のほうがおもしろいなって思って、日本てんかん協会の事務局に入っちゃったんです。

——で、そっからてんかんに関する運動を展開していくことになるんですか？

そうですね。いま日本てんかん協会は専門職講座や基礎講座、それに患者家族向けの講演会なんかを企画してポスター作ったりするんですけど、そういうのをやってました。松友さんとも一緒にやりましたね。

——そのときって、松友さんも日本てんかん協会におられたんですか？

そう。松友さんは協会の事務局。日本に帰ってきてプー太郎だったけど、奥さんが公務員してたので。「あるある」ですよね。奥さんが公務員で、旦那が好きなことやるっていう。そこで協会の専従になって、常務理事・事務局長になってくんですよ。

——なるほど、そうなんですね。日本てんかん協会自体は、しっかりした基盤の団体なんですか？

えっとね。しっかりした団体にしていった。「国際障害者年」だった一九八一年に社団法人の認可がおりて、少しずつ足場ができていった。で、そのころ、全家連と育成会と日親連とっていうこの三つの団体が御用団体で、御用団体、そのころ別に御用団体じゃっていう言い方をしてなかったですけども、この三つでやってたところを、てんかん協会が、つまり七〇年代の後半から親の会とかでやり始めて。で、八〇年代からてんかん協会になって。そのころ、そのおっきな三つの団体からの細かい障害に分かれていく走りだったんですよ。あの松友さんって団塊の世代なので、団塊の人たちって、世の中変えてくじゃないですか。それでちょうど走りで、今はもっと細かくなってますけれども、あのころ、もうちょっと前にダウン症の「小鳩会」っていうのができたり、あと「サリドマイドの親の会」ができたり。ともかく違うんだと。全部のおっきなところに入れられるもんじゃないんだっていう自己主張の強さみたいなのが各障害団体にあって。てんかん協会も知的障害でやればいいじゃないかって言われたり、そんなの精神でやればいいじゃないかって言われたり。さすがに肢体不自由でやればいいじゃないかってのは、誰も言われなかったみたいなんですけども。っていうのは、各々の会から言われてたみたいですね。

――なるほど。日本てんかん協会の仕事っていうのは、何年ぐらい続けられたんですか?

私ね、そこで七年ぐらいやったんですよ、専従で。そのあと結婚して、どっかちょっと地方に行って。それでも協会の理事やったりとか、それはずっとやってましたね。てんかんね、おもしろい。これ、私の性に合ってるんだな。障害が性に合うっていうのも変なんですけど。てんかんをもつ子どもの親でもなんでもないから、こだわる理由ってそんなにはないわけなんですけれども。

――惹かれたとすれば、具体的にどういうところなんでしょうか?

えっとね、てんかんって脳に焦点があって、発作が起こるとそれを薬で止める。薬で止まんなかったら手術とかなんとかっていう。それがえっと、○か一とは言わないですけども、わりときっぱりしてるんですよね。このお薬使いましょう、これがダメだったらこのお薬使いましょうっていうので、わりときっぱりしてるんですよ。だけど、赤ちゃんのときに発作を起こして重度の障害とか、あの岳ちゃんみたいに、知的障害とかになっていく人もいますし。それから発達障害とか自閉症。自閉症もそうですけど、発達障害とてんかんの人たちの雰囲気ってよく似てるんです。いわゆる脳に起きてるので、すごくね、あの障害の基本なんです。脳性麻痺にしても何にしても、いろんなことの基本は脳じゃないですか。なので、そこがすごくね、わかりやすいっていうか、はっきりしてて。で、てんかん協会にいるときに機関誌編集したり、いろんな講演会やってもらったりしてすごく勉強してきたので。ほんと脳障害の基本を押さえることができたと、私は思ってます。

――なるほど。得意な数学的に考えられたってことですかね?

ですね。ここが原因でこうなってああなってっていう考え方とか、そういうのも含めて。それでいてすごく情緒的なところもあって。台風が来ると発作が起きるみたいな。それとあとほら、画家のゴッホとかね。天才にもてんかんの人が多いから。それとやっぱり本人さんのこう精神的な問題。見られると嫌とか、そういうことなんかもすごく学べるし。ともかくね、脳が基本で、あぁでこうでって。1+1=2になってっていう、その基本がすごく合ってるんだと。

――なるほど。論理的なところと、人間ならではのおもしろさというのがマッチして。で、そこで七年やって、結婚されて地方に出て、ちょっとずつかかわり続けながら地方で住まわれて。

で、また東京に戻ってくると、てんかん協会やって。戻っては行って、戻っては行ってってっていうふうに。けっこう転勤が多かったんで。それでね、自閉症協会でお手伝いしたりとか、育成会でお手伝いしたりとか、そういう感じでやってましたね。

——おつれあいのお仕事の関係でですよね。転々としたのについていきながらも、自分のやりたいことはやってきたと。

うん。

——なるほどね。小林さんのソーシャルワーカー人生っていうのは、てんかんがベースになってるってことなんですね。

そう。で、その後、一九九八年に夫がインドネシア転勤になるんですよ。たいがい国内で二年ごとに引っ越してたんだけど、そのときは三年転勤で。でね、これもまたすごいいろんなことがあって。九七年にアジアの経済危機っていうのがあったんですよ。それで九八年の早々に転勤して。それからインドネシアで暴動が起きて。大統領を引きずり下ろすあの暴動が起きて。で、危険度が4にガーと上がって帰国みたいな。それで、その半年後にまた行ったみたいなことがあったんですね。で、その暴動が起きて空港にいたときに、子ども連れて全然違う国から帰ってくることの大変さみたいなのをすごく思って。それでまた向こうに戻って。あっちでは道でおもらいをしてる子たちっていうのがけっこういて。あれは何なんだっていうところから、向こうの日本人の奥さんたちと一緒に現地向きのボランティアグループを作ったんですよ。そのときには日本のボランティアセンターみたいなものを作ろうって、なんかすごく思って。企業とかがジャパンクラブにお金をくれるんで、それを元手に何かできんかみたいな。で、日本人の人たちがちょこちょこっといろんなところの施設とかに行ってる情報を集めて、「ネットワーク作ればいいやね」とか言って。で、団体を一つ作って。それ今でも、まだ続いてるんですよ。

――へぇー、すごい。

うん。それともう一つは、現地に行ってる日本人の子どもの支援。それも障害のある子どもとか。とくに日本の場合、子どもって住民票に則って幼児健診されるんですよ。学校に入れば、学校教育法にもとづいて健康診断とかあるじゃないですか。で、お父さんとかお母さんは、会社の健康診断があるじゃないですか。ところが、住民票を離れた未就学児っていうのは、幼児健診がないんですよ。検診が受けられないのでどうするかっていうのを考えて。日本に帰ってきて幼児健診受ければいいじゃないって言っても、住民票がないと受けられないんですよ。日本に籍がないので、幼児健診受けれない。で、障害児教育をやってきた人間としては、幼児健診でスクリーニングをやられていろんな障害が発見されたりするのに、それがないというのは問題じゃないかって話を、ジャカルタにいた臨床心理の人とか保健師さんとか、つまり向こうでは働けないけれども、日本で専門職だった人たちとグループ作って、それで日本と同じ幼児健診を始めたんですよ。大使館の医務官とか、あとＪＩＣＡで来てる医者の人たちに手伝ってもらって。それでほんとに幼児健診やったんですよ。で、そのときにまあ情報を提供するのは、けっこう私のようなソーシャルワーカー。まだ日本で社会福祉士の資格とかはとってなかったんですけれども、てんかん協会で経験はあったので。それでけっこう助言したり、相談事業みたいなのもやって。で、そういうグループっていうのかしら、それも一つ作ってやってたんですね。

——なるほど。コミュニティオーガナイズをまさにこう地でおこなってきたってわけですね。すごいな。

そう。それでインドネシア向けのやつは、そうやって日本人のおばちゃんたちで、現地向きの何かやりたい人たちをいろいろと探して奨学金を配ったりとか、スラムに入っていったりとか。あと、障害児見つけて、医療につなぐとかもけっこうやったり。で、日本へ帰国したときに資格がないというので、これはいかんと思って、社会福祉士の国家試験を受けたんです。そこから社会福祉士で、二〇〇一年に日本帰ってきたんですよ、うん。で、てんかんのことやるには精神（精神保健福祉士）の資格もとっとかんとってことで資格をとって。そうこうするうち、二〇〇三年に山本譲司さんの『獄窓記』が出て、それで田島さん（田島良昭さん：社会福祉法人「南高愛隣会」設立者。宮城県福祉事業団理事長、最高検察庁参与などを歴任）とかが動き始めて。契約に馴染まない障害の人の法的整備のあり方勉強会っていうのやり始めて。で、それは田島さんが宮城に行ってたころで、ちょうどそのころ宮城に林眞琴さん（検事総長などを歴任）がいたはずなんですよ、検事正かなんかで。たぶん、それであの二人が知り合ってんですよ。それで荒さん（荒中《ただし》さん：日本弁護士連合会会長、最高検察庁参与などを歴任）も仙台の人ですよね。だからそこでまた田島さんと接点ができてるんですよ。そしたら今度、厚労科研（厚生労働省科学研究）を田島さんがやるようになったじゃないですか。で、最高検の参与になっていく。二〇〇六年の終わりだかには、田島さんが長崎帰ってて。それで、障害のある罪を犯した人の地域生活支援に関する研究っていう、あの厚労科研やって。そのときに厚労省の障害者保健福祉推進事業を取って。それで研修をやるっていう話になったんですよ。

――松友さんと田島さんが出会うのはどのタイミングなんですか？

浅野史郎さん（宮城県知事などを歴任）が人権懇話会とかっていうのをやってたんですよ。で、そこに田島さんいたんですよ、たしか。で、そこに松友さんもいて、それから埼玉の佐藤進さん（社会福祉法人「昴」の設立者）もいて、ぶどう社という出版社の市毛研一郎さん（先代の社長）もいてみたいな感じで。なんかね、そのときに松友さんの長男さんが作業所に行ってたんだけれども、作業所じゃなくてもうちょっとなんかっていう話のところで、田島さんのところに移ることになったんですよ。仕事の訓練みたいなのも含めて、長崎行って。で、結局、田島さんに頼んで行ったみたいなんですよ。だから、そのころから田島、松友は知り合いだったんです。育成会絡みとか、浅野さん絡みとかそういうんで。で、田島さんは政治家を目指してたんだけれどもやらなくて、結局、長崎で知的障害の施設を作ったり。政治家の秘書やってるときに、アメリカを見に行ったりとかいろいろしてたみたいですけどね。だけども政治家にならずに、諫早で、雲仙で施設を作って。それで、その長崎の雲仙コロニーのところに松友さんの長男が行くことになった。今から二五年ぐらい前じゃないかな。

――なるほど。じゃあ、その人権懇話会が、いまの刑事司法と福祉の連携の始まりと言っても過言ではないという認識なんですかね？

うん、過言ではないけど。そのころでも、人権懇話会のときには、まだまだ司法福祉ではなかったですけどね。それでそのあと、結局、二〇〇七年にその研究事業がとれたんで、田島さんがその事業をするのに、松友さんは「手伝わないか」って言われて。松友さんはなんかそういうのをやるときには、漏れなく私に声をかけるんで。私はてんかん協会の東京都支部もやりながら、その「早稲田すぱいく」でその手伝いを始めたんです。そこから、全国八ヵ所の高検のあるところで講演会をやって歩きましたよ。

――早稲田すぱいくはそこから始まっていくんですか?。

それはまたちょっと話がね。田島さんとか関係なくて。えっとね、二〇一二年に作ったんですが、ちょうどね、てんかん協会を、私も松友さんも一緒にいる鳥居くんも辞めるぞっていうときに、それでもなんか、てんかん協会繋がりで三人、やっぱりなんか組織作っといたほうが後々いいんじゃないかっていうことで、それで社団法人を作ったんです。一般社団法人。それで十何年、特別すごいことはやらずに、組織をもつだけもってきたみたいなところで。

――早稲田すぱいくってどういう意味なんですか?

事務所はその当時、早稲田にあったんですよ、はい。「すぱいく」っていうのはてんかんの脳波のスパイク・アンド・ウェーブのすぱいく。でもね、松友さんがね、くさびを打つとか言って。なんか説明もちょっと恥ずかしいような、そっちのスパイクなんです。

――なるほど。

早稲田すぱいくはほとんど何も仕事をしないでそのままもってこう、って言って。それでてんかん協会やりながらも、田島さんからそういう話が来たんで、松友さんと二人で南高愛隣会東京事業本部という名前で、二〇一二年だっけ、一三年だっけか、あちこちで講演会とかをやって。それこそ高検のあるとこだから、札幌、仙台、金沢、東京、高松、名古屋、広島、福岡の八つバラバラ。そこで法律と、弁護士と障害者運動と貧困運動の三人に話をしてもらってっていうのをやりましたね。

――そのときの障害者部門が松友さんと小林さん？

そのね、私たちも完全に事務局だから、田島さんの手足として動いてるだけでね。障害に関してはね、すごいおもしろいですよ、いま思えばね。えっと愛知のOさん。あと、Sさんっていう弁護士がいらしたんです。けっこう札幌とかいろんなところでご一緒したんですけども、Sさんに話してもらい。それから大阪だったらKさんのところだから、いまの大阪の定着とってるとこ。

――「よりそいネットおおさか」。

うん。Kさんとかも大阪でやったときの事務局やってもらいましたし。東京のふるさとの会のMさんとか、名古屋では「ささしまサポートセンター」とかも。

――小林さんたちは事務局で、その高検所在地で講演するっていうのは、それぞれの土地の障害や困窮の支援をしていた人が担っていく？

そう。だから、それをこの人にしよう、あの人にしようっていうのをいろいろと考えて、「紹介してください」とか言いながらプログラム作って。講演とかシンポジウムみたいなかたちで。

――すごい。

おもしろいでしょ。そういう人たちをね、掘り起こしていったっていうか、ここでこういうのやりたいんだけれども、誰に声かけたらいいでしょうねっていうのを、あちこち伝手を辿りながら、いろんな人に紹介してもらって作っていきましたね。で、会場借りたり、講演資料なんかはこっちで集めて。またそれと別に、おっきな中央集会みたいなのを企画したり。ほんとに地域生活定着支援センターができる前の、定着作るための運動っていう感じ。

――なるほど。それは南高愛隣会の東京支部の社員としてやってたんですか？

そうそう。東京事業本部のパートのおばちゃん。

――なるほどね。

育成会とかてんかん協会とか、ずっと知的障害やってきてて、このとき初めて触法の領域のことを知って。そのときに何を思ったかって言うと、てんかん協会とかは、まぁいろいろ過干渉なお母さんとか思っても、子どものために会費払って会に入ったり、一生懸命その障害を持つ子どものために動く人たちとか、どうにかしよう、勉強しようと思ってる人たちの集まりなんですよね、親の会とかは。でも、触法はそれが違う。それがないっていうところが。あと、あの軽度の知的障害の人の問題。てんかん協会もね、知的にはボーダーだけれど、薬飲むのが嫌で、てんかん発作を否定することで、交通事故を起こす人たちっていうのがっていう問題があったので、それは知ってましたけれども。世の中いろいろあるねって思いました。でね、そのころ、田島さんが最高検の参与になったあと、松友さんが東京地検に行くことになったんですよ。二〇一三年。だからほんとにね、一、二年ずつなんかめまぐるしいね、うん。で、東京地検に松友さん入ったでしょ。で、その次の年に私にもお声がかかった。人数増やすっていうので。で、そのちょっと前に村木さん（村木厚子さん：厚生労働事務次官などを歴任）の問題（郵便料金不正冤罪事件）は起きてる。そこから八年ぐらいやった。

――じゃあ、小林さんにとっての広い意味での刑事司法ソーシャルワークの始まりは地検ってことですか？

具体的にはね。ケースワークに関してはね。でも、てんかん協会で学んだことそのまんまです。高齢者問題はちょっと弱いのよねっていう感じで。

――犯罪行為にかかわる福祉のことを勉強し始めたときって、どんなふうに興味を持っていったんですか？

私の人生はほぼ偶然の重なりで、偶然にも中心のところにつながってたっていう感じ。だから、てんかんも単にどっかの作業所とかじゃなく日本てんかん協会だったんで、てんかんのいちばん中心に入ったんですよ。で、司法福祉のいろんな方法っていうのは、てんかんで学んだことなんですよ。で、なんか、やっぱり切なさってあるじゃないですか、本人さんの。で、てんかん協会なんかもそうだったんですけども、自分と同じ年の人で発作があることなんかの相談を受けてると、自分はこうだったからここにこうしていれるけれども、この人はたまたまこの歳からてんかんになったから、こういう人生になっちゃったんだな、とかっていうふうなことっていうのをすごく学んできますよね。その思いってのは、やっぱりけっこう強いかなと思います。

――なんていうんですかね。犯罪をやったということに対する抵抗感みたいなのはなかったんですか？

まったくないですね。なんか、とくにあの最近、弁護士会との連携事案とか、地検なんかでやってても、こうつないでも、どっか行っちゃったりとか、逃げてっちゃったりとかする人たちいるからなんだなとは思いますけれども。最初、結局なんでこの人こうなったのかなっていうことを考えるじゃないですか、ケースワークでは。だから、そう考えていくと、まぁねって。この領域だと、ＢＰＳ

(Bio Psycho Social) モデルのあのアセスメントの仕方あるじゃないですか。でも、今まではそんなにBのところをすごく強く言わなかったでしょ。アセスメントのところで障害があるっていうときに、これはどういう障害かって言ったら、実はディスアビリティだのインペリメント／インペアメントだのハンディキャップだのっていう分け方やるから、そういう意味ではインペアメントがそうなのかもしれないけれども、Bっていう言い方ってしなかったのが、やっぱしBっていう言い方っていうのはすごくね、あのてんかんから見てると合う。で、その基本的なものっていうのを発達障害とか、その基本をなめちゃいかんぞっていう気持ちはやっぱりてんかん協会で学んできてるので、そのバイオ、Bのところをしっかり見ないと、問題解決できないぞってすごく思うの。それからえっと、いま、あの東京都の相談を受けてても、お母さんが万引きをして二回捕まりましたと言って、こっそりこう娘さんなんかが相談してくるときに、これは認知症かもしれないとか、○○かもしれないって話をするときに、脳梗塞が起きて、結局てんかん発作で起きてるかもしれないのでとか。そういう話っていうの、わりと基本的にするんですよ。で、単にお金の問題、貧困はとかね、心の貧困も含めて、そっちを中心に物事考えてっちゃうと、なんかわけわかんなくなっちゃうので、やっぱし基本のBのところをまず押さえて。で、あとサイコのこととか、ソーシャルのこと、うん。親子関係の家族関係とか、そういうのもやっぱしっかり押さえていかないと、この個別の問題は解決しないぞっていうのはすごく思ってて、アセスメント、そこをしっかりやらないとダメだぞとかっていうのはてんかん協会から学んできたことかなと思うし。BPSっていう分け方っていうのは、すごく合うっていうか、これだぞっていう感じはします。

――てんかんに対するソーシャルワークでは、ＢＰＳモデルみたいなのがもともと用いられたってことなんですか？

ていうかね、そのころはＢＰＳモデルとか言わなかったから。医療モデルか社会モデルかぐらいは始まってたけれども。でね、この子のこの状況っていうのは何なのかって考えたときに、たとえば学校で荒れるって言ったとき、発作か脳波異常か薬の影響かっていうのをまず見るっていうのは学びましたね。この症状はひょっとしたら薬の副作用で起きてるかもしれないとか、そういう話とかってのはけっこう出てくるんで。

――じゃあ、それまでてんかんで学んできたことっていうのが、そのまんまじゃないけど、モノの見方として活用できたっていうところもあって、犯罪行為をしたっていうことも、その背景が状況をアセスメントしていけばわかるから、抵抗感なく支援に入ることができたっていうことなんですね。でも、八年も地検にいたってことは、なかなか小林さん的にはおもしろかった？

うん、おもしろかったですね。でも、弁護士会から受けるやつのほうが案件的には重いんですよ。地検はだって、不起訴の人たちばかりだから。だけど、地検はコンスタントに現場なので、そういう意味では安定してるしっていうことはありましたね。それにこっちが選ぶ選ばないに関係なく来るじゃないですか。高齢者の問題もあれば、障害者のこともあれば、精神のこともあればって。まぁ、世の中こんなことがあるんだっていうのが。地検だと、ときに戸籍のない人とかもいるし。すごい殺人事件は来ないし、すごい薬物事案も来ないですが、ある意味選ばないので。爺ちゃん問題もあるし、ありゃあと想像もつかない状況もあったりしてというのはおもしろいかな。

――なるほど。刑事司法を通してわかるいろんな人間模様がそのまま。

そうですよね。社会のなかのいろんなことについて、ほんとにありゃって思うのが。戸籍がない人っていうのが数件あったので、ほんとにありゃって思いますよ。この人、どうやってここまで生きてきたんだろうって。ほんとかいなこの話、って思うのもありますもんね。

――てんかんのことをずっとやってた時期、南高愛隣会の時期、地検の時期で、なんかこう共通性とか見出すとしたら、どこにあるんですか？

えっとね、ＢＰＳかな。それは共通です。共通っていうか基本だなって。あともう一つは、ちょっと違うんですけれども、子ども支援にもっとお金かけてあげてって思う。三〇、四〇になってアルコール依存とかになってから連れてくるな、みたいな。やっぱし、子どものときにもっと介入してあげてって思います。

――なるほど。そこまで深刻な問題になる前に、きちっと教育というか、手当てをしていたらそこまでならんで済んだやろうっていうのが実感としてあると。

こんな言い方よくないんですけども、よく虐待の末に子どもさん殺されるみたいな事件があるでしょう。これ死なないで、なんとなく共存しながらおっきくなってったら、次にこの子がこのお母さんになってくんだよねってすごく思うんです。ともかくね、どっかで介入するっていうのは、すごく大事。できればよりちっちゃいときに。どういうふうな介入の仕方がいいのかよくわかんないんですけど。だからてんかんだって、ちっちゃいときに早期発見、早期介入って言うじゃないですか。医療でなるべく早く押さえる方がいいわけだし。そうすると同じように、依存の問題が大きくなってるのも、もっと初めになんか介入してあげてって思いますよね。ここまで来ちゃう前に。人生を棒に振ってるようなもんじゃないですか。こういう言い方もなんだけど。この前、摂食障害の団体さんのところで話してるときに、「摂食障害なんかならないほうがいいじゃないですか」って言ったら、「その言い方はちょっと頭に来る」って言われたんですけど。だけど、「ならなくていいものはならないほうがいいでしょ」って、私はすごく思ってて。だって、摂食障害になっちゃったら、もう大変じゃないですか。もっと楽しい人生とか、これに縛られることなくいけただろうなって思うと。だから、お酒に縛られてたり薬に縛られてたり、いろんなことに縛られてる親に……。

――てんかんのことをやってるときは、その基礎がすべて詰まってるおもしろさがあったっておっしゃってましたけど、改めて刑事司法ソーシャルワークをやってみてのおもしろさっていうのは、どこにあるんですか?

いま言ったような話もそうだし、もうちょっと早く介入してあげてってのは思う。だからソーシャルワーク自体がそうなんですけども、ぐしゃぐしゃぐしゃってなったのをこう解いて、こうすっと並べて。で、この問題はこう、この問題はこうですよねってやりながら整理して解けていくと、それはなんかおもしろいし、因数分解みたいな。それからやっぱり、悩み事がなくなっていくことっていいじゃないですか。刑事司法の問題って、やっぱりすごい悩み事でしょ。なんかいちばんの悩み事かなって。それで結局、とくに地検のやつなんかはそうなんですけども、生きにくい人たちがなんかこうごちゃごちゃになってて、それが個人のなかでごちゃごちゃになったのが、お家のなかでごちゃごちゃになって、お家のなかでごちゃごちゃになったのがポーンと事件として社会に出てきてる。だからこの事件っていうのは、実はこの人たちの生きにくさだったんだっていうところで、よくよくこの物を窃って捕まったねって。ここで捕まったから、あんた、次は問題解決していくよ、みたいな感じって結構あるじゃないですか。「軽い」問題のときに対応っていうのは、やっぱりすごく思いますよね。それとやっぱし、いろんな人生見るのっておもしろいじゃないですか。事実ほどおもしろいものはないみたいな。こんな失礼な話なんですけど、それはやっぱりすごく思います。

――ちなみに、地検八年やって辞めるきっかけみたいなのあるんですか？

定年。

――あっ、定年。それで定年まで勤め上げたと。

そうそう。でもね、司法福祉の領域だと私なんかは新参者じゃないですか。全然違う畑から入ってきて。で、別に法学やるわけでもなく。だからなんかそういう意味では、あのドキドキ、ほんとに新参者っていう気持ちはあるんですよ。

――なるほど。まだまだ司法福祉の人間だとは、小林さん自身は思ってないと。検察庁にいたころっていうのは、司法の人間として見られるわけじゃないですか？

そうそう。その昔、いろいろと批判があったの知ってますかね。捜査機関にいる社会福祉士は問題だとか言って、弁護士会でいろいろと集まりやってってっていうのはあったけれども。あれなんかはね、けっこうびっくり。私は警察に社会福祉士をおいたほうがいいよねって思ったり。少年課とか生活安全課とか。そうすると、もっと早く実際にお巡りさんがいろんなつなぎっていうのできるんじゃないかって。そういう人を起訴や書類送検しないでつないでってあげるのがいいっていうのは、すごく思います。

——いますよね、実際。生活安全課とかで、社会福祉士の資格持ってやってはる人とかも。個人的には、検察や警察からは独立したかたちで、ソーシャルワーカーを配置すべきだと思っていますけど……。なるほど。じゃあ、検察定年になってその後から早稲田すぱいくでいまの活動を始めるってことですか？

入口支援はだから検察と同時にずっと並行していていて。検察は週三、あとの週二は早稲田すぱいくでやってた。ただ、私は受任しないの。私は受任しないで、弁護士会との連携の事業を社会福祉士会の司法福祉委員会でずっとやってて。それで養成研修とかいろいろやるけれども。あのなんていうの、コーディネートだけなの。で、「この人を誰か受任してください」って言って。で、受任して手上げる人いなかったら「とってくださいよ」って、個別に電話して、それで配転するだけで、私は受任してない。

——今でも直接支援はされてないってことですか？

今年度からすることにしてます。一件か二件ね、警察に会いに行ったけど、本人が「嫌だ」って言ったり、「いらない」って言ったりとかするもんだから、私はまだやってないですね。

——今後は事件が来ればやろうと思ってるってことですか？

うん。「そろそろやりなよ」って、仲間に言われた。だけど、まだやってない。ただ、みんな私に聞いて、「これは弁護士にどう言ったらいいんですか」とかね、言ってくるんだけども。「それはこう言ってください」みたいに適当に答えますけども。

——相談役みたいな感じなんですね。

そうですね、うん。で、それと別に、お悩み相談やってるんですよ、東京都の。以前、法務省のモデル事業。あれを早稲田すぱいくがやってたんですよ。だからそれを三年やって、今年四回目。

——なるほどなるほど。今後、早稲田すぱいくでやっていくってことになると思うんですけど、これからの展望とかあるんですか？

いやどうなってくんだろうと思っています。あのほら、いま入口支援は定着にどんどん動いてきてるじゃないですか。厚労省も定着でって言ってるけど、東京都は定着が嫌だ、定着に持って行きたくないっていうのをすごく言っていて。で、東京で、千葉みたいに独自の入口支援を別の課でやってくれないかって声かけてたり、いろんなことしてるんですけども。予算がつくかどうかわかんないし……。司法福祉委員会でずっと受けてくっていうのはなかなかこれから、弁護士会との関係がどのくらい発展していくのかとか、こっちの委員会って結局、みんなボランタリーに委員会やってるわけで、そこんところが結局は事業になってるじゃないですか。それがどのくらいのことになっていくのかって。この体制がどういうふうに続けていけるのかっていうのが、社会福祉士会、東京社会福祉士会全体のことも含めて、入口支援、いわゆる弁護士と連携しての入口支援をどうしていくのかっていうのはあるなと思って。ほんとに定着がとってくれると、いろんな意味で楽。気持ちも楽だなって思ってるし。で、精神保健福祉士会さんともあわせると年間一〇〇件ぐらいなので、どうにかならんかって思ってる。それと別っこに、早稲田すぱいくはどうしていくかなっていうのはね……。早稲田すぱいくってそんなに発展させてね、子や孫の代につなげていくようなイメージもないし。自分たちはだんだん歳をとるばっかりなんで、どうなってくんじゃろうっていう。これをすごいおっきな団体にしていくつもりもないので。

——なるほど。大きな問題ですよね。なんか刑事司法ソーシャルワークに対する思い入れみたいなのってできてきましたか？

刑事司法ソーシャルワークで一つ思ってるのは、結局てんかん協会とか、そういうところで見てる本人さんと、やっぱりちょっと違う本人さんたちっていうのがいるので、その生きにくさの、そこの結局一歩を踏み違うあの選択肢をもう経験しちゃった人たちとか。知的障害とか、依存症になってる人たちって生きにくいですよね。あと、発達障害の人なんかすごくなりやすいって思ってるんですけども、そういうところのプログラムを考えて、福祉関係の人たちがもうちょっと考えてくっていうのをやらんといかん。「もう来ないで」とか、「もうやめて」って言うんじゃなくって、こうなんかそういう組織なり団体っていうのも必要だろうなっていうのは思ってます。

——じゃあ、それを小林さんが作ろうって？

そこがね。いっぱい人がいるから、なんかね、こっちに行けばあっちにぶつかる。ここをこう渡したいって。こうやってつっても、あそこに言っても結局無理だったとか、ここに言ってもどうも無理だなみたいなところはすごく思ってはいるけれども。だって、みんなもう歳だからね、うん。こうちょっとね、「どうにかせんといかんよね」っていう話をしても、仲間たちも歳だから。だから、この後どうしてったらいいんだろうっていう思いってのは……。だから、若い人、そういうふうに思ってくれる人いるといいかなっていうのは思います。

――なるほどじゃあ、若手を育てていくと。

そうそう。

――長い時間、ありがとうございました。

〔小林良子　二〇二二年八月一三日〕

Ⅳ

六人の生活史から見えてくるもの

犯罪行為を手離す方法をさぐる

掛川 直之

本書の第Ⅰ部に収録された中居さん（第1話）、高坂さん（第2話）は、聴き取りをおこなった時点で出所（／出院）後、一〇年以上が経過しており、すでに〈地域の人〉になっておられるかたがたです。中居さんは、地域のなかで福祉サーヴィスを活用しながら穏やかに過ごされており、高坂さんは自らの非行・犯罪の経験を活かして〈支援者〉として活躍されています。第Ⅱ部に収録された酒井さん（第3話）、大谷さん（第4話）は、出所後二年以下であり、酒井さんは危うさも抱えながらも福祉サーヴィスを活用しながらサヴァイヴしており[1]、大谷さんは仕事に就いて周りの助けを得ながらも平穏な生活を手に入れようとされているプロセスにあるととらえられます。ここでは、本書に登場する六名のかたの生活史から、犯罪に至る要因、続ける要因、手離す要因、そしてそうしたかたがたを支えるに至った要因等について考えていきたいと思います。

1　犯罪行為に至る（／を続ける）要因

それぞれが非行・犯罪行為に至る経緯をみてみると、高坂さん、酒井さん、大谷さんは〈やんちゃ系〉、中居さんは、刑事司法と福祉との連携が始まった当時に多くみられた貧困ゆえの犯罪、いわば〈非やんちゃ系〉に分類することができます。とくに、この〈やんちゃ系〉のお三方に共通するのは、かれらの青春時代に流行った不良漫画の影響を受けているところです。現在、四〇代前半の高坂さんは『BADBOYS』（田中宏、少年画報社、一九八八〜一九九六年）、四〇代後半の酒井さんと五〇代前半の大谷さんは『ビー・バップ・ハイスクール』（きうちかずひろ、講談社、一九八三〜二〇〇三年）という作品が挙がっていました。少なからずそれぞれに漫画の登場人物に憧れのような想いを抱き、影響を受けていた様がみられました。一方、〈非やんちゃ系〉には内向的な性格がみられ、他者とのコミュニケーションが不得手であることが多いのではないかと考えられます(2)。

非行・犯罪行為をくり返す人の成育歴の特徴として、家庭においては、幼少期に親から愛情を受けることが（少）なく、しかるべき教育を受けることができなかったというような「育ちのはく奪」や、被虐体験、貧困体験が挙げられます。家庭の外においても、学校における被いじめ体験、勉強や運動における失敗・挫折体験やそこから派生する劣等感、自己肯定感等の低さ、他者からの承認や信頼を得ることができなかったということが犯罪の要因になっている、または、非行・犯罪行為をすることで他者からの承認や信頼を得ることによって、非行・犯罪行為をくり返すことにつながることなどが、これまでもしばしば指摘されてきました。加えて、障害ゆえのコミュニケーションの苦手さによって、人間関係をうまく築くことができない、などということもありえます。知的障害やその境界域のかたが、自ら特性を周囲からバカにされ自尊心を傷つけられてしまい、その承認欲求を悪意ある第三者に巧みに利用され、犯罪行為に至るということもありえるでしょう。(3)

また、中居さん、高坂さん、酒井さん、大谷さんともに「貧困」経験について語っておられますし、中居さん、酒井さん、大谷さんには、能動的ではないもののネグレクト的な被虐体験があったと解釈できそうです。(4) この貧困経験等は集団的トラウマ、虐待等は個人的トラウマととらえることができ、こうしたトラウマが触法行為につながることもあるといわれています。(5) いずれにしても、四名それぞれに「生きづらさ」を抱えて生きていたことは間違いなさそうです。(6) もっとも、自らはその「生きづらさ」に気がついていなかった可能性も否定できません。なお、高坂さん、大谷さんは暴走族として活動していた経験があり、酒井さんにも不良友だちとつるんでいた経験がありました。ある意味で、社交的な側面をもつ高坂さん、酒井さん、大谷さんには、非行・犯罪行為をおこなうことを支える他者が存在し、そのコミュニティのなかで相互に承認しあうことができていたように思われます。犯罪行為は、コミュニケーションのプロセスで他者との相互作用において学習され、犯罪行為への肯定的意味づけがその否定的意味づけを超過するときに人は犯罪者となるといわれていますが、(7) この三名はこうしたケースにあてはまります。〈不良〉が不良であり続けられる環境が整っていたともいえるわけです。一方、内向的な中居さんにはそうした他者が存在しなかったという事実がみてとれました。中居さんの場合は、目の前に現れた「困りごと」を解決するために、他者に援助を希求することができず、自ら何とかしようとした結果、選択肢として残ったのが犯罪行為だったのです。つまり、生きていくための選択肢が少なすぎて、犯罪以外の選択する自由を有していなかったのです。まさに、「困った人は、困っている人」という事案にあてはまります(8)。このような非行・犯罪行為をおこなうことを支える他者との出会いがあるかということが、非行・犯罪行為をくり返すか否かの重要な分岐点になってくるのだとも考えられそうです。

さらに、非行・犯罪行為を続けていると、他者からの「信頼」を失っていくことになります。他者からの信頼を失っていくと、「どうせ自分なんか」というようにあきらめにも似た無力感が生じ、やがて自分自身に対する「信頼」も失っていくことになってしまいます(9)。被虐体験や被いじめ体験などがあると、自己肯定感や自己効力感が低下し、何事にも投げやりな態度になってしまい、自分自身に対する信頼を失うことで、ますます他者からの信頼も失っていくということもありえます。自分が大切に扱われない状況において、他者を大切に扱うことはできないというわけです(10)。

2　犯罪行為を手離す要因

非行・犯罪行為からの離脱についての議論のなかでは、他者との交流の重要性が説かれています。非行・犯罪行為をおこなうことで失う最たるものが「信頼」であるとすれば、非行・犯罪行為を手離し、非行・犯罪行為を選択しない生活を営んでいくためには、自分はもちろん自分以外の他者からの「信頼」をいかにとり戻していくか、ということが大きな要素になってきます。同時に、各々が有している「トラウマ」に対してはトラウマインフォームドなアプローチが求められます。中居さん、高坂さん、酒井さん、大谷さんの語りをみても、非行・犯罪行為を手離していくプロセスには、それぞれに非行・犯罪行為をくり返していたころには出会っていなかった、もしくはその重要性に気がついていなかった〈他者〉の存在がありました。[11] 中居さん、酒井さん、大谷さんにとってはソーシャルワーカーであり、高坂さんにとっては法律家がそれにあたります。四名ともに住まいの問題や生活の糧を得るための新たな方法をみつける必要があり、高坂さん、酒井さん、大谷さんには非行・犯罪行為を支える他者との距離をとる必要があり（とくに高坂さんには暴力団からの離脱）、中居さん、大谷さんには仕事が続かない、酒井さんには薬物への依存、中居さんには親の借金、という課題がありました。こうした生活課題は、再犯につながる課題であると同時に、ソーシャルワーカーや法律家といった〈専門職〉に助けを求める契機にもなりうる課題であるとも考えられます。

ここでいう他者は、単に存在すればよいというわけではなく、本人を立ち直らせたいという「想い」を持っていなければなりませんし、その「想い」が本人の求めているものに比べて強すぎてもうまく成立しません。両者の関係はある程度「対等」なものでなければならず、お互いに「対話」可能な存在でなければなりません。たとえば、高坂さんの母親が、いくら高坂さんのことを想って働きかけたとしても高坂さんにそのことを受け入れる準備ができていなければ、その想いが一方的なものになってしまい「対話」が成り立ちません。その意味で、単なる他者ではなく〈対話可能な他者〉、あるいは〈対話可能な隣人〉の存在が重要になってくると考えられます。逆に、本人はなんとなく構ってほしい、気づいてほしいというサインを発していたとしても、周囲の人たちがそれを受け止め、向き合わなければ対話が成り立ちません。つまり、非行・犯罪行為をくり返す人のことを想う他者がただ存在すればいいというわけではなく、非行・犯罪行為をくり返す人が非行・犯罪行為を手離したいと考え、双方の想いをぶつけあうことができる、すなわち、相互作用のなかで関係性を構築していける対話可能な他者が必要だということです。とはいえ、想いをもった他者が想いを伝え続けることに意味がないわけではありません。高坂さんがそうであったように、「ふりかえってみれば」ということで、いうなれば、コップのなかに少しずつ水が溜まっていくように、決して無駄にはならないであろうと思われます。[12] どのつまり、ひとりの他者によって急激にその人が変わっていくというよりは、さまざまな他者とのかかわりのなかで少しずつ変わっていくものだということです。加えて、結婚や就職といった「人生のターニング・ポイント」によって日常的な活動が構造化されることで必然的に非行・犯罪から離脱するという考え方があります。[13] 高坂さんの場合、パートナーの妊娠が大きな転機となって、人生が動き始めています。ただし、酒井さん、大谷さんも、その時々にパートナーには恵まれていましたが、そのことがターニング・ポイントにはなっていないようでした。

そして、もうひとつ重要な要素となるのが「自由」です。とりわけ、そのことに気づかせてくれるのが酒井さんの語りです。酒井さんの聴き取り時点での住まいとなっていたグループホームに入所する経緯に耳を傾けていくと、再犯をくり返して刑務所に戻るのか、それとも刑務所の福祉専門官に提示されたグループホームに入所するのかの二択で今後の人生設計を考えている節がありました。刑務所かグループホームかで、自分にとってより快適なほう、よりマシなほうを選択しようとする態度です。酒井さんのなかでは、当初、グループホームも刑務所のような厳格なルールがあり暮らしにくいのではないかと考えていたようでしたが、たまたま酒井さんが紹介されたグループホームではそうした厳しいルールはなさそうであったため、なんとなくそちらを選択していたかのようにみえます。もっとも、そのなかで、「自分で決める」というプロセスを経ることができており、実際にグループホームで生活してみても自分がおかれた生活を自分で容認できるという感覚を持てていたというのが犯罪行為を手離すための重要な要素になっているようでした。おそらく、これまでの酒井さんの人生では出会ってこなかったある意味で異質な他者との出会いによって、「こういう世界線があったのか」と実感できた部分が大きかったのではないでしょうか。そこで、もともと優しい性格の酒井さんは、地域のお年寄りとの出会いを通じてただそこに居ていい場所を得、本来の酒井さんの良さが一気に開花していっているように感じられます。これまでの酒井さんの生活では、この優しさを発揮する前に、さまざまなルールに引っかかってつまずいていたのかもしれません。結局、その人のことを認めてくれる人がいるかどうかが大切で、認めてくれる人や必要としてくれている人がいて、本人もその人の想いに向き合っているということが大きいのではないかと考えられます。

大谷さんの語りからも似たような状況が読み取れます。大谷さんは、とにかく「ふつうの暮らし」がしたいとくり返していました。犯罪行為をくり返し、刑務所にも何度も服役するなかで、最初に福祉的支援を受けたときに、犯罪行為を選択しなくても済む「ふつうの暮らし」を体験しました。大谷さんにとって、この「ふつうの暮らし」は失いたくないものになっていったにもかかわらず、再犯をしてしまいます。大谷さんは、再犯をしたときに面会に赴いたソーシャルワーカーに対して「今が一番辛い。今まで何回も何回も刑務所に出たり入ったりしているときは何にも辛くもなかったんだけど、自分でやれるって知ってからやっちゃったからすごく辛い。今が一番辛い」と語っていたそうです。援助を希求できる存在ができたとしても、どこかに「(他者に)迷惑をかけたくない」という遠慮のようなものがあり、足掻くなかで、結局うまくいかなくて、またやってしまう。しかしながら、これまでの大谷さんとの違いは、もう一度助けを求められたことにあるわけです。自分に「想い」を向けてくれている他者がいて、その「想い」が自分に向いているってことが自分のなかのどこかに残ってい て、困ったときにそこに自分も「想い」を向けられるかどうかということ、「想い」の蓄積、困ったときの選択肢を増やしていくっていうことが非行・犯罪行為を手離すためには必要になってくるわけです。まさに、「自立とは、依存することである」という指摘にも結びついていきます[14]。非行・犯罪行為をしようとしたときに浮かぶ〈悲しむ他者〉の顔があるかどうか、失いたくない現在の生活があるかどうか、ということなのかもしれません。もっとも、そう想えたからといって非行・犯罪行為を思いとどまれるかどうかは、そのときにおかれた状況によるわけですから、そう簡単ではありません。社会政策学においては「プロセスとしての貧困」という考え方が提示されていますが[15]、犯罪からの離脱を考えるうえでは、「プロセスとしての犯罪」「プロセスとしての犯罪からの離脱」という考え方が成立しうるのではないかと思われます。だからこそ、出所後の時間の経過が短い酒井さんの語りからは、どこか危うさのようなものが顕著にあらわれているのかもしれません。

3　なぜ、罪に問われた人を支援するのか？

ここまで、犯罪行為当事者の視点から犯罪行為に至る（／を続ける）要因、犯罪行為を手離す要因について、四名の生活史から読み解いてきました。むろん、わずか四名の生活史から一般化することはできませんが、それでも多くのことが浮かびあがってきました。

本書を読み進めてみて、読者のみなさんは、非行・犯罪行為に至るにはさまざまな背景があることがわかってきたとしても、自らが積極的にいわゆる〈加害者〉を支援しようとする人はやはりまだそう多くはないかもしれません。そこで、本節では、こうした人たちを支援することを生業としている千葉さん（第5話）、小林さん（第6話）の生活史に着目してみたいと思います。

千葉さんが支援をはじめたきっかけは交通事故の〈加害者〉としての経験から、小林さんは大学で特別支援教育を学ぶところに原点がありました。千葉さんが加害者支援をはじめるのにはある種必然的な流れがあるように思われますが、小林さんについては明確なきっかけがあったわけではないように思われます。本書の調査協力者である橋本さんも野宿者支援をおこなうなかからはじまっており、飯田さんは当時所属されていた社会福祉法人内での人事異動でたまたま地域生活定着支援センターに異動になったことがきっかけでした。(16) 〈加害者〉支援を生業にしているかたの多くは、千葉さんのように明確な理由があったというよりは、何らかのめぐりあわせでたどり着いたというかたのほうが多いのではないかという印象があります。

それでは、何らかのめぐりあわせでたどり着いたとして、それを生業にしていく人と、辞めていく人とにはどのような差があるのでしょうか。前者はおもしろいと感じ、後者はおそろしいと感じる。前者は自分にも起こりうると感じ、後者は自分とは関係ないと感じる。すなわち、ある意味での「当事者性」のようなものを自分のなかにみつけられるかどうかということがひとつの分岐点になっているのではないかと考えられます。非行・犯罪行為をおこなった人たちをチャンスが与えられなかったわたしたちだととらえるのか、自分とは関係のない理解不能なモンスターだととらえるのか、というところに最も大きな差が出てくるわけです。加えて、この「当事者性」のようなものを自分のなかに感じる人のなかにも、バーンアウトしてしまう人とそうでない人が出てきます。これは非行・犯罪行為をおこなった人の「生きづらさ」をわがこととして受け止めすぎるかたと、意識的か無意識的かを問わずどこか一線を引いているかたとの差であるように思われます。さらに、どこか一線を引いているかたは、単純におもしろがれるか、もしくはどこかでその人に自らの「支援」に対する効果を期待しすぎてしまっているかたが少なくないようにも感じられます。自らの支援に対する効果を期待しすぎてしまっている場合、再犯をしないことが正しいことだと思ってしまい、裏切られた感覚に陥ってしまうのではないでしょうか。もちろん、再犯があったとき、その人によりそっていればいるほど「あーぁ」という少し残念な感情は湧いてくるでしょう。しかし、勝手な正解を設定していなければ、裏切られたという感覚は湧かないのではないでしょうか。再犯しないことの喜びはあるかもしれませんが、再犯することの怒りは湧いてこない、ということです。信じるのも、期待するのも支援する側の問題であって、支援を受ける相手の問題ではありません。もっといえば、信じる必要はあっても過度に期待する必要はないのです。一度、非行や犯罪行為をおこなった人はこうでなければならないとか、あなたのためにこうしてあげているとか、こうすることが正解といった感覚があるあいだは、上から目線になってしまいますし、押しつけがましくなってしまいます。この感覚を乗り越えないとソーシャルワークは成立しないのではないかとわたしは考えています。では、何のために支援しているのかというとそれは究極、自分のためでしかないのではないでしょうか。結果、自分のためでもあるし、自分のやることが意味あるものだと思えば、相手にとっても意味あるものだと思うかどうかということになり、相手に意味があるものだと思ってもらえると、自分の仕事にも意味があると意味づけられることになります。再犯はこれまでの支援のあり方を見直す契機でしかないのです。

ここで、「なぜ、〈犯罪者〉を支援するのか」という問いに戻ると、それは「出会った者の責任」ということになるのではないでしょうか[17]。むろん、すべての人に同じ支援はできないわけですが、せめて自分の出会った人にはできる支援をしよう。こうした感覚を共有するソーシャルワーカーが増えれば社会はもっと生きやすくなるのかもしれません。社会福祉士や精神保健福祉士といった資格を有する人たちは、社会福祉士や精神保健福祉士の「専門性」に過度にとらわれているようにも思います。こうした人たちの多くは〈当事者〉のかたから支援者「臭」のする支援者として忌避されてしまうことにもつながっているのではないでしょうか。千葉さんに（そして橋本さんに）代表されるように社会福祉士や精神保健福祉士といった資格を有しない広義のソーシャルワーカーのスタンスから学ぶことは多いように思います。「専門職として」と肩ひじを張らない姿勢からのほうが、むしろ結果的に「専門性」が生まれているのかもしれません。

4 罪に問われた人、支える人の生活史から何を学ぶのか

ここまで、六名の生活史をお読みいただいたみなさんはどのような感想を持たれたでしょうか。とくに最初の四名の〈当事者〉といわれるかたがたの語りから、〈当事者〉といわれない立場にあるかたがたも自らが体験されてきたことや何らかの傷に重ねながら、自分のなかにもあるであろう「当事者性」に気がつくことができたとすれば、本書の目的は達成されたと考えることができそうです。他方、〈当事者〉といわれる立場にあるかたがたは、同じような体験をされているかたの語りをみることで、自らの今後のあり方を変えていくきっかけになったとすれば、これ以上に嬉しいことはありません[18]。

他者とともに自らの体験や傷に向き合い、感じ、葛藤することではじめて人は、自らの言動に責任をとれる人に変化していくものである、といわれています[19]。大切なことは、その人が罪を犯し、捕らえられた経験があるという〈犯罪者〉としてのラベルではなく、なぜそのような行動に至ったのかという背景に着目していくということです。本書で紹介した四名の生活史をみても、誰一人として生まれながらに〈悪い人〉であった人はおらず、よくよく診ていくと〈不器用な人〉、もしくは少し〈間の悪かった人〉にすぎないのではないでしょうか。あくまで、非行や犯罪は過去におこなった行為の結果でしかなく、非行・犯罪行為に至る以前の生活環境にその要因は隠されています。非行・犯罪からの離脱においては、本人を変えるのではなく、非行・犯罪行為に至る生活環境を変える、という視

点を持つことが求められます。本人が犯罪行為を選択しなくても済む環境を理解し、本人がそれを選択することが重要です。〈支援者〉は、〈出所者〉や〈刑余者〉といった属性をあらわすことばに逃げ込み、「悪いことをしたんだからある程度は自己責任で仕方がない」とあきらめてしまってはその本質がみえてきません。本人に起因する障害などの個人的要因と、社会的孤立などに起因する社会的要因とに分けて整理していく必要があるのです。近年、「再犯防止」が流行し、さまざまな制度が整えられつつありますが、制度も同じで、制度からみるのではなく、やはり本人をみて、本人のおかれた状況にあった制度があればそれを選択するということが求められます。他者との出会いを含めた何らかのきっかけによって自らが変わりたいと思える。そのうえで、その意思を継続できる環境があり、変わろうと行動をはじめる。そのなかで、さまざまな障壁を乗り越え、犯罪行為を手離していくことになるのです[20]。環境は上から与える、押し付けるのではなく、一緒に整えていくものです。プログラムや理論に閉じ込めない、〈専門職〉によるトップダウンの処遇ではない、社会のなかで平穏に生きていくための方法を模索していく必要があります。そして何より、周囲の人びとは変わろうと努めている人びとに対して「敬意」を払うことを忘れてはならないでしょう。

そもそも、すべての犯罪（再犯）を防ぐことは不可能です。ある行為を犯罪として処罰する法律がある以上は、犯罪をゼロとすることは不可能ですし、そのような社会は逆に不健全であり、新たな排除を生み出すことにもつながりかねません。だとすれば、犯罪行為を防ぐのではなく、犯罪行為をおこなわなくても生きていける環境づくりをいかにおこなっていくのか、という視点が重要です。そのためには、自らの自由を守るために、他者の自由も侵害しないことが求められる、ということを理解することが不可欠となります。そのことを理解するためには、〈犯罪者〉といわれる人が、反社会的なことがらを含めて安心して率直に話せる場、すなわち「対話」できる場所と相手とが必要となります。対話するためには、安心して話せる関係性、対等な関係が求められます。不安や寂しさ等から、周囲からすると「問題行動」といわれる破壊行動や他害行動をとったりすることもありえます。そういうときに、誰かがそばにいるだけで、格段に事態が好転することがあるといわれています。[21] 解決すること、答えを早く出すことではなく、わからなくても持ちこたえることが大切になってきます。[22] 相手に興味関心をもってただそばにいることが求められるわけです。自らのことを率直に話せる場があったか、その場では、対等に対話できる場が築かれていたか、支援者として〈守られるべき弱い当事者〉像を抱いていなかったか、支援者が正解だと思い込んだ「支援」を押しつけているにすぎなかったのではないか、良き支援者を気どってわかった気になっていなかったか。これまでの「支援」が対等ではなかったと気がつくところから〈支援者〉ははじめるべきではないでしょうか。

しかしながら、このような姿勢は、決して簡単にできることではありません。管理ではなく、本人を無理に変えようとするのでもなく、支援者も含めて、そのとき一番大変な人の負担をどう減らすか、という視点を持つことも大切になります。[23] 環境を変えることは本人にとっても支援者にとっても容易なことではありません。求められるのは、一度の「失敗」で見離さない継続した支援です。これは非行・犯罪とは関係のなかったソーシャルワークにおいてはごくあたりまえのことであったはずです。ソーシャルワーカーの川邊循さん（世田谷ボランティア協会）は、伴走型支援を続けるのは疲れるので、伴「歩」型支援でよいのではないかと指摘していました。たしかに、伴走は時に心強いですが、時に伴走されるほうにもするほうにもしんどさがつきまといます。支援者も人間です。肩の力を抜いて、時に立ち止まりながら一緒の方向を向いて歩いていくという余裕のようなものが必要なのかもしれません。そのことは、つまりはよりそうということであり、よりそう姿勢は引き出すのではなく、待つ姿勢、つながり続ける姿勢を指します。罪を犯し、罪に問われた人、支える人の生活史から学ぶべきことは、犯罪行為をおこなった人やそれを支える人のことを特別視しない、ということにほかならないのではないでしょうか。

〔注〕

（1）一般に、出所後二年間が孤独感等を感じやすく、最も再犯に陥るリスクが高いといわれています。

（2）こうしたタイプの人は語ることが苦手であることが多く、このような調査に応じてもらいにくい特性があるのではないかと思われます。

（3）実際にも頼りにされている側面もあるのが質の悪いところです。

（4）高坂さんの場合は、母親の愛情の量が当時の高坂少年が受け止められる愛情の量を超えてしまっていたようにもみうけられます。

（5）オウドショーン、ジュダ（野坂祐子監訳）（二〇二三）『非行少年に対するトラウマインフォームドケア：修復的司法の理論と実践』明石書店。

（6）貴戸理恵（二〇二二）『「生きづらさ」を聴く：不登校・ひきこもりと当事者研究のエスノグラフィ』日本評論社。貴戸は、「生きづらさ」を個人化した「社会から漏れ落ち」た痛みであると定義しています。

（7）Sutherland, Edwin H. (1947) "Principles of Criminology (4th ed.)" Lippincott.

（8）大野更紗（二〇一一）『困っているひと』ポプラ社。

（9）掛川直之（二〇二〇）『犯罪からの社会復帰を問いなおす：地域共生社会におけるソーシャルワークのかたち』旬報社。

（10）浜井浩一（二〇一一）『エビデンスから考える現代の「罪と罰」：犯罪学入門』現代人文社。

（11）Maruna, Shadd (2001) "Making Good: How Ex-Convicts Reform and Rebuild Their Lives" Amer Psychological Assn（＝津富宏・河野荘子訳（二〇一三）『犯罪からの離脱と「人生のやり直し」：元犯罪者のナラティヴから学ぶ』明石書店）、山梨光貴（二〇二〇）「重要な他者：関係性の構築と犯罪からの離脱」比較法雑誌五四巻三号一五五～一七三頁、掛川直之（二〇二三）「地域における出所者支援の現在地：矯正／共生を強制することはできるのか？」社会福祉研究一四六号二一～九頁。

（12）受け手の成長によってコップの大きさ自体が大きくなることもあるでしょう。

（13）Laub, John H. & Robert J. Sampson (2003) "Shared Beginnings, Divergent Lives: Delinquent Boys to Age 70"Harvard University Press.

（14）熊谷晋一郎（二〇一二）「自立は、依存先を増やすこと　希望は、絶望を分かち合うこと」TOKYO人権五六号二～四頁。

（15）全泓奎『包摂型社会：社会的排除アプローチとその実践』法律文化社。

（16）おふたりの語りについては拙著『犯罪からの社会復帰を問いなおす』に収録されていますので、ご関心のあるかたはぜひそちらをお読みください。

（17）奥田知志（二〇二一）『「逃げおくれた」伴走者：分断された社会で人とつながる』本の種出版。

（18）変わった人、変わろうとしている人を見習うことから「更生」ははじまっていくのだと思われます。

（19）國分功一郎・熊谷晋一郎（二〇二〇）『〈責任〉の生成：中動態と当事者研究』新曜社。

（20）Bottoms, Anthony and Shapland, Joanna (2011) 'Steps towards desistance among male young adult recidivists'Stephen

Farrall, Richard Sparks, Shadd Maruna, Mike Hough"Escape Routes: Contemporary Perspectives on Life after Punishment"Routledge.pp.43-80.
(21) 三井さよ（二〇一八）『はじめてのケア論』有斐閣。
(22) 帚木蓬生（二〇一七）『ネガティブ・ケイパビリティ：答えの出ない事態に耐える力』朝日新聞出版。
(23) 坂本いづみ・茨木尚子・竹端寛・二木泉・市川ヴィヴェカ『脱「いい子」のソーシャルワーク：反抑圧的な実践と理論』現代書館。

【編著者紹介】
掛川 直之（かけがわ・なおゆき）
〔経　　歴〕
2018年大阪市立大学大学院創造都市研究科博士課程修了。博士(創造都市)。大阪市立大学都市研究プラザ特別研究員（若手・先端都市）、日本学術振興会特別研究員、立命館大学衣笠総合研究機構専門研究員、東京都立大学人文社会学部助教等を経て現職
〔現　　在〕
立教大学コミュニティ福祉学部准教授
〔主な著書〕
『犯罪からの社会復帰を問いなおす』（旬報社、2020年)、『不安解消！ 出所者支援』（旬報社、2018／単編著)、『出所者支援ハンドブック』（旬報社、2022年／共編著）

なぜ罪に問われた人を支援するのか？
――犯罪行為を手離す方法をさぐる

2024年9月2日　初版第1刷発行

編 著 者　掛川直之
装　　丁　坂井えみり
組　　版　キヅキブックス
発 行 者　木内洋育
編集担当　真田聡一郎
発 行 所　株式会社 旬報社
〒162-0041 東京都新宿区早稲田鶴巻町544　中川ビル4階
TEL 03-5579-8973　FAX 03-5579-8975
ホームページ　http://www.junposha.com/

印刷・製本　中央精版印刷 株式会社

ISBN978-4-8451-1925-7　C0036